더 나은 삶을 만드는
인간의 10가지 품격

인간 연구회 WHOs LAB

인간수업
Contents

프롤로그 07

PART · 01　돌아보는 인간　13

1 Chapter ｜ 불안정한 인간　15

01 인간은 왜 불안정한가?　17
02 불안정에서 안정으로 가는 법　22
03 불안정 에너지 소비하기　30
04 불안정은 삶의 원동력이다　38

2 Chapter ｜ 소비하는 인간　43

01 브랜드와의 첫 만남　45
02 소비가 주는 '행복'을 선택하자　49
03 '지혜'로운 소비자가 되자　53
04 더 나아가 멋진 '공급자'가 되자　57

3 Chapter ｜ 후회하는 인간　61

01 어떻게 하면 후회 없는 선택을 할 수 있을까?　63
02 '한' 것에 대한 후회　67
03 '하지 않은' 것에 대한 후회　71
04 후회를 줄이는 4단계 과정　75
05 철저하게 후회하기　82

PART · 02 살아가는 인간 87

4 Chapter | 주도적인 인간 89

01 왜 우리에게 주도적 삶이 필요한가? 91
02 우리는 언제 주도적 삶을 살아가게 되는가? 95
03 주도적 삶을 살아가게 되는 조건 100
04 동기부여 없이는 주도적 삶을 살아갈 수 없다 110

5 Chapter | 배우는 인간 113

01 인간은 왜 배우는가? 115
02 배움은 무엇인가? 119
03 배움의 장면 128
04 배움의 정체성 136

6 Chapter | 성찰하는 인간: 거울을 볼 수 있는 용기 139

01 Dream, 꿈이 뭐예요? 141
02 Reflection, 성찰이 뭐예요? 147
03 Begin, 성찰 어떻게 해요? 156
04 Inter, 사이에서 해요 161

인간수업
Contents

7 Chapter | 감성을 가진 인간 169

    01 이런 뉴스 들어 본 적 있나요? 171
    02 '사회적인 공감력'이 이 시대에 왜 중요할까? 175
    03 공감을 방해하는 요소는 바로 '이것' 180
    04 '감정적 공감'이 '실천적 공감'으로 이어지기 위하여 189

PART · 03 계획하는 인간 197

8 Chapter | 스스로를 인식하는 인간 199

    01 쟤는 진짜 자기를 모른다니까! 201
    02 나를 안다는 것은 도대체 무엇일까? 205
    03 왜 내 눈에는 내가 안 보일까? 210
    04 남이 보여 준 '외적 자기인식' 219

9 Chapter | 도덕적인 인간 225

    01 옳은 길을 가는 사람들 227
    02 도덕적 인간은 왜 필요한가? 231
    03 도덕을 가로막는 장애물 건너기 238
    04 흔들리지 않고 걷는 길 245

10 Chapter | **죽음을 준비하는 인간** 253

    01 죽음이란 무엇인가 255
    02 죽음에 이르는 과정 259
    03 죽음 인식 265
    04 죽음 준비 273

에필로그 277

참고문헌 280

저자소개 286

인간수업
HUMAN CLASS

프롤로그

프롤로그

난해한 그 이름, '인간'

'사람과'의 영문명인 '호미니데'(Hominidae)는 두 발로 서서 걸어 다니는 인간, 예를 들면 침팬지나 고릴라, 오랑우탄을 포함하는 대형 유인원을 뜻한다. 하지만 지구상 '인간'들의 상당수가 자신들이 다른 유인원들과 같은 그룹에 속한 동물이라는 학문적 정의에 동의할 수 있을까? 물론 인간이 유인원에서 진화했다는 고전적 진화론을 지지하는 무리도 있다. 그러나 아무리 봐도 인간을 동물의 범주에 넣고 해석하는 '생물학적 인간학' 한 가지만으로 인간을 해석하려는 시도엔 무리가 있다. 그 이유는 명확하다. 단순히 신체의 뼈대 구조와 두개골, 생활 습성을 분석해서 인간을 규정하기에는 인간이 가진 특성이 너무나도 심오하기 때문이다.

"인간은 스스로를 동물이라 부르기를 주저하며 동물과는 다른 고귀한 특성을 지닌 존재라고 생각한다."

고교 교과서 「윤리와 사상」에 나오는 구절이다. 인간 스스로도 자신들을 동물과는 차별을 두려 한다는 말이다. 실제 인간은 인문학, 즉 철학과 신학, 사회학, 심리학, 인류학, 인구통계학, 문화 이론과 사회생물학과 같은 학문 분야의 주제로 다뤄진다. 어느 한 가지 영역에서 조망하고 이해하는 것이 어려운 대상이 바로 '인간'이다.

더 나은 인간의 삶을 찾아 나서다

2020년, 코로나로 힘들었던 한 해를 매듭짓기 위해 모두가 분주했던 한 겨울이었다. 2021년을 조금 더 의미 있게 채워 보자는 생각에 동의한 열 명의 연구자들이 온라인 회의 플랫폼에서 처음 얼굴을 마주했다.

"어떻게 하면 더 나은 인간의 삶을 지향할 수 있는가?"

누군가 위와 같은 질문을 던졌고 본격적으로 진지한 논의를 시작했다. 그리고는 조금 더 세부적으로 가지를 쳐 갔고 얼마 지나지 않아 하나의 주제의식에 도달했다. 불확실성과 불안함이 요동치고 변화의 폭이 커진 시대, '인간답게 살기 위해 가져야 하는 생각과 태도는 무엇인가?'에 대한 답을 찾아보기로 한 것이다. 지금 돌아봐도 무척이나 호기로운 생각이었다. 그도 그럴 것이 '인간은 누구인가?'의 정의를 내리는 것도 불가능한 일인데 한 발 더 나아가 '더 나은 삶'을 담론화한다니. 이 연구가 순탄하게 흘러갈 리 없었다.

'호모 사피엔스 사피엔스(Homo sapiens sapiens),
슬기롭고 슬기로운 사람'

아무리 불쑥 꺼낸 생각이라도 쉽게 주워 담을 수는 없었다. 생각하는 인간답게, 지구상에서 첫 번째로 문명을 건설한 종이자 유일하게 현존하는 인류답게 더 많은 고민을 늘어놓고 퍼즐을 맞춰 갔다. 그리고 '정답은 없어도 해답은 찾을 수 있다'는 생각으로 기존의 주제의식은 살려 두고 인간을 바라보는 관점을 조금 바꿔 보기로 했다. '인간의 더 나은 삶'에 대한 답을 독자와 함께 찾아보기로 말이다.

인간에게서 그 답을 찾다

인간은 과거로부터 왔고 현재를 살며 미래를 계획한다. 우리는 '현재'를 기준으로 '과거'를 돌아보고 '미래'를 계획하며 나아가는 인간의 모습을 따라가기로 했다. 고유한 '개인'이라는 인간과 사회적 '관계' 속의 인간이 어떤 생각과 태도를 갖고 살아가면 좋을지 고민했다. 그리고 인간을 인간답게 하는 것이 무엇인지를 묻고 밝히는 인간학(Anthropology)에 저자들의 경험과 생각을 녹여 현실성 있는 주제를 도출하기에 이르렀다. 이 책의 10개 주제가 그렇게 만들어졌다. "열 길 물속은 알아도 한 길 사람 속은 모른다."는 속담과는 다르게 '열 길의 사람 속'을 살펴보기로 한 것이다.

'인간수업'의 수업은 '독자라는 인간'이 받아야 할 그것을 의미하지 않는다. 이 책에선 저자가 선생이고 독자가 학생이 되는 구분이 없다. 우리의 삶 자체가 누군가에게 부여받은 숙제라고 하지 않던가. '인간수업'은 그 과제들을 잘 정리한 책이라고 생각하면 쉽다. 10개 챕터 모두에 저자들의 경험과 사유가 담겨 있는데, 저자마다 독자에게 다른 질문을 던지고 함께 생각해 볼 것을 제안한다. 그래서 이 책은 '인간적'이다.

본래 인간(人間)은 사람과 사람의 사이, 즉 '사람 사회'의 의미를 담고 있었다고 한다. 현재의 '사람'이라는 단수의 뜻과 다르게 쓰였던 것이다. 이 책을 쓴 열 명의 저자들도 처음에는 '하나의 사람'으로 만났다. 그리곤 책이 완성될 즈음 '연결된 인간', 즉 '사람 사회'를 만드는 동료로 발전했다. 책이 저자의 손을 떠나면 그 의미는 독자의 것이 된다. 책을 읽는 방식도 독자마다 다르기에 저자의 의도 전부를 책에 녹여낼 수 없다. 하지만 한 가지

바람을 몇 줄로 남겨 본다. 우리는 하나의 인간이 더 나은 삶을 향해 걸어간다면 언젠가는 그가 속한 사회, 즉 모든 인간들과 선한 영향을 주고받으며 살아갈 수 있다고 믿는다. 이 책을 읽는 당신부터, 그리고 당신이 만나는 친구, 가족, 동료들로 연결된다면 결국 우리가 사는 이곳이 조금 더 나은 인간 사회가 되지 않을까?

인간 연구회 WHOs LAB

인간수업
HUMAN CLASS

PART · 01
돌아보는 인간

1 Chapter
불안정한 인간

박정우
C&T 컨설팅 대표, 한국스트레스 교육협회 협회장

> 인간은 누구나 불안정하다. 불안정의 본질은 내면의 에너지이다.
> 이 에너지를 어떻게 활용하는가에 따라 불안정한 상태로 살아갈지 안정적이고 발전적으로
> 살아갈지가 결정된다. 의미 있는 목적과 목표, 스트레스 관리, 불안정을 수용하는 방법을 통해
> 내면의 에너지를 효율적으로 사용하는 방법을 제시한다.
> 내 삶의 질을 높이고 싶은 사람이라면 불안정 에너지를 잘 활용해야 한다.

01 | 인간은 왜 불안정한가?

생활에 만족 못 하면
인간은 불안정한 상태가 된다

그냥 평범하게 살았으면 좋겠어!

서로 시간을 내어 최소한 3~4달에 한 번 정도는 만나는 친구들이 있다. 대학 동기들로 전공이 같다 보니 오랜만에 만나면 하는 얘기들이 거의 같다. 대부분 병원에서 일하기 때문에 자연스럽게 병원 이야기로 근황을 묻는다. 지금의 일을 하기 전까지 10여 년간 병원에서 근무했었기에 병원 이야기는 아직도 친근하다.

만나서 어느 정도 시간이 흐르면 사는 얘기, 고민, 앞으로의 미래 등 친구들끼리 항상 하는 뻔한 얘기들로 결론 없는 이야기를 한다. 그중 많이 하는 말이 "그냥 평범하게만 살았으면 좋겠어!"이다. '그냥 평범하게 산다는 것'은 무엇일까? 친구들과 100분 토론을 해 봐도 결론은 없다. 각자 자신들은 아직 평범하게 살고 있지 못하다는 얘기를 할 뿐이다. 한 친구는 아직 자기 소유의 집을 갖지 못해 평범하지 않다고 말한다. 다른 친구는 자녀의 나이가 너무 어려 앞으로 남들보다 10년 이상 경제 활동을 더 해야 하므로 평범하지 못하단다. 또 다른 친구는 부모님을 모시고 살아야 해서, 집안에 경제적 도움을 지속해서 줘야 해서, 혼자 살아서 등등 평범하지 못할 이유는 정말 많다. 결국 평범하게 사는 게 제일 힘들다는 결론을 내리고 다음 약속을 기약한다. 그리고 우리는 알고 있다. 위에 나열한 것들이 해결된다 해도 결코 평범할 수 없음을…. 우리가 말하는 '평범'은 '잘 산다'의 다른 말인지도 모른다.

'평범하다'라는 말은 '뛰어나거나 색다른 점이 없이 보통이다'란 뜻이다. 여기서 '보통'이라는 범주에 들어가는 기준이 각기 다르다. 어떻게 보면 기계가 아닌 이상 모든 사람은 평범할 수 없을지도 모른다. 월급을 받는 사람들은 평범한가? 결혼을 한 사람은 평범한가? 자동차가 있는 사람은 평범한가? 아파트에 살면 평범한가?

"평범하게 살려면 어떻게 해야 할까?"

우리는 미래를 준비해야 해!

기업교육 사무실을 운영하면서부터 지금까지 함께하고 있는 친한 친구이자 훌륭한 파트너인 동료가 있다. 강의할 때나 프로그램을 기획할 때 항상 앞으로 일어날 일을 철저히 대비하는 편이다. 그래서 실수가 없고 그 친구에게 어떤 일을 맡겨도 신뢰가 간다. 그 친구는 일뿐 아니라 먼 미래의 삶의 대처에도 확실한 편이다. 그래서 저축, 보험, 연금, 재테크 등에 관심이 많고 검소하게 산다. 나는 그 친구에게 가끔, 너무 많은 걱정을 하고 사는 것 같아 놀리는 말로 "넌, 마음속에 걱정, 근심 자격증이 있는 것 같아."라는 말을 하곤 한다. 좋은 면이 정말 많은 친구이면서 과도한 걱정도 많다. 프리랜서의 특성상 불확실한 미래에 대한 준비가 필요하다는 이유인데 어느 정도는 이해가 가지만 너무 삶을 바쁘고 힘들게 사는 것 같아 안타까운 마음까지 든다. 그는 일을 너무 많이 해서 한쪽 몸이 마비되는 편마비 증상도 겪었었고 과한 스트레스로 원형 탈모도 왔었다. 그래도 늘 현실에 대한 불안함을 느낀다고 한다.

'불안감'은 비단 친구 개인의 문제만이 아니다. 요즘 시대는 급격한 디지털화, 팬데믹 등으로 사회적, 심리적 변화가 커지고 있다. 이를 반영하는 것으로 2021년 6월 14일 한국경제연구원(한경원)에서는 우리나라의 정치, 사회, 행정 불안정의 정도가 경제협력개발기구(OECD) 34개국 중 27위였다고 밝혔다[1]. 또, 불확실한 미래와 고용불안, 취업 환경 탓으로 전문자격 취득을 준비하는 직장인이 최근 들어 부쩍 늘었다고 한다. 전문자격 취득을 위해 '지금 공부하고 있다' 20.9%, '공부한 경험이 있다' 37.0%, '아직 준비하고 있지는 않지만 관심 있다' 37.6%로 나타났다. 그 이유로는 노후 대비에 대한 불안, 직장의 불만, 고용불안, 현재 상황 타개 등이 있었다[2]. 특히나 고용불안에 대한 뉴스가 많은데 택배나 배달 업종에 종사하는 플랫폼 근로자들은 하루 평균 10시간 이상, 주 6일을 일하고 있다. 과로에 따른 피로감에도 불구하고 일을 지속하는 이유는 고용불안에 대한 걱정이 늘었기 때문이다[3].

"어느 정도까지 준비해야 미래를 걱정하지 않을 수 있을까?"

만족하지 못하기 때문에 불안하다

자기 계발을 얘기하는 사람은 공통으로 더 나은 삶을 살기 위해서라고 말한다. 그리고 누구나 미래에 대한 청사진을 그리며 살아간다고 말하곤 한다. 이 말을 바꾸어 말하면 인간은 스스로 불안정하다고 생각하기에 자기 계발이나 발전하기를 원한다고 말할 수 있다.

"인간은 불안정하다. 안정으로 가기 위해서는 에너지가 필요하다.
에너지를 내는 과정이 자기 계발이며 자기 성장이다."

동양철학이나 동양사상에서는 인간을 소우주에 비유한다. 대자연의 섭리가 인간의 몸속에서 소우주와 같은 원리로 돌아가고 있다는 것이다. 즉 인간의 몸과 마음의 반응이 자연의 법칙을 따른다고 말할 수 있다. 또, 독일의 물리학자이자 수학자인 클라우지우스가 고안한 엔트로피 개념으로 열역학제이법칙(熱力學第二法則)이 성립하게 되었는데 이는 자연의 법칙 중 가장 중요한 기본 법칙으로 받아들여지고 있다. 이 이론으로 인간의 불안정을 설명하려고 한다.

엔트로피는 무질서 정도를 나타내는 척도인데 엔트로피가 높으면 무질서도가 높다고 말할 수 있다. 현재의 불안정한 사회 현상이나 급격한 변화는 사회의 엔트로피가 높아졌다는 방증이다. 엔트로피가 높다는 것의 의미는 불안정의 정도가 올라갔다는 것이다. 예를 들어 카페에 들어가 따뜻한 커피를 주문해서 자리에 앉아 가만히 커피잔을 들여다보면 잔 위로 김이 올라오는 것을 볼 수 있을 것이다. 커피 온도가 주위의 온도보다 높으므로 식는 과정에서 김이 올라오는 것이다. 이때 주위보다 따뜻한 커피의 엔트로피가 높다고 말한다. 엔트로피가 낮아지는 방향, 즉 안정을 찾기 위해 커피가 주위의 온도에 맞춰 식어 가는 것이다.

인간은 끊임없이 내면의 엔트로피를 낮추려고 한다. 불안정성을 없애기 위해서다. 내면의 엔트로피를 잘 조절하는 사람은 자기 계발이나 자기 발전을 하는 사람이고 그렇지 못한 사람은 자존감 하락이나 자기 비하 등으로 불안정을 표출하는 사람이라고 볼 수 있다.

앞에서 얘기한 '평범하게 살려면 어떻게 해야 할까?', '어느 정도까지 준비해야 미래를 걱정하지 않을 수 있을까?'에 대한 답은 '어떻게 해야 내면의 엔트로피를 잘 조절하는가?'에 대한 방법이다. 불안정한 나를 안정적으로 만들 방법을 이제부터 소개한다.

02 | 불안정에서 안정으로 가는 법

인간은 안정으로 가는 데 많은 에너지를 쓴다. 적은 에너지로 안정을 찾기 위한 연습을 하자

닥쳐야 움직이는 사람의 비밀

중·고등학교 시절 항상 미리 준비한다고 다짐하면서 그렇게 하지 못하고 반복했던 일이 있다. 그것은 바로 시험 전날 벼락치기 하는 것이다. 시험 때마다 '다음에는 그러지 말아야지' 하면서도 막상 시험 기간이 되면 계속해서 되풀이한다. 후회하면서도 반복하는 이유는 무엇일까? 나뿐 아니라 주위의 다른 친구들도 비슷한 경험을 한다고 한다. 성인이 된 후에는 나아질까? 직장에서도 늘 마감에 쫓기며 산다. 중요한 프레젠테이션이나 결과보고서를 작성해야 할 때 분명히 미리 준비할 시간이 있었지만, 마감 1~2일 전에 부랴부랴 일을 처리한다. 그리고 마치 머피의 법칙처럼 어김없이 다른 할 일이 생겨 마음을 더 조급하게 만든다. 많은 사람이 비슷한 경험이 있을 것이다.

이러한 사람의 심리를 이야기할 때 어떤 사람은 미국의 심리학자 마틴 셀리그먼의 '학습된 무기력'의 개념을 제시한다. 이것은 피할 수 없거나 극복할 수 없는 환경에 반복적으로 노출된 경험을 하게 되면 실제로 자신의 능력으로 극복할 수 있음에도 불구하고 자포자기하는 것을 말한다. 미국의 신비주의 철학자 맨리 P. 홀의 저서 「환생, 카르마 그리고 죽음 이후의 삶」에서 우리가 같은 실수를 되풀이하는 이유는 그때나 지금이나 정신적으로

나아진 것이 하나도 없기 때문이라고 했다. 예전과 똑같은 사고방식으로 문제에 대응하기 때문에 같은 실수를 한다는 것이다. 또, 인간이 같은 실수를 반복하는 이유는 자신이 저지른 실수를 쉽게 망각하기 때문이라는 뉴스 기사도 있다[4].

안정한 형태로 가고 싶다면 내면의 엔트로피를 낮추어야 한다. 결과 보고서를 예로 들면, 결과 보고 일주일 전 보고서를 준비하면서 들이는 에너지는 다른 일(편하게 쉬는 것, 취미 활동을 하는 것, 다른 볼일을 보는 것 등)을 하는 데 쓰는 에너지에 비해 많다. 즉 결과 보고서를 준비하는 행위가 나의 엔트로피를 증가시켜 불안정하게 만든다는 것이다. 그래서 그 상황을 피하게 만든다. 하지만 결과 보고 하루 전날이 되면 상황이 다르다. 결과 보고서를 쓰는 데 드는 에너지보다 내일까지 마무리 짓지 못해 받는 심리적 압박감의 에너지가 훨씬 커서 내면의 엔트로피가 높아지고 불안정이 더 커지기 때문에 전날 보고서를 쓰게 되는 것이다. 결국, 미리 준비하는 것보다 더 많은 에너지를 쓰고 후회를 한다.

그렇다면 항상 미리 준비하는 사람은 어떤 사람일까? 준비하지 않으면 내면의 엔트로피가 올라가 불안감을 크게 느끼는 사람이라고 볼 수 있다. 매 순간 불안정에서 안정을 찾아가는 방법의 차이가 습관의 차이를 만든다. 마감에 쫓기던 사람이 준비된 사람이 되어 불안정에서 벗어나려면, 시간에 쫓겨서 쓰는 에너지의 양이 미리 준비하면서 쓰는 에너지보다 더 크다는 것을 인지하는 것에서 시작해야 한다.

자기 계발을 하는 이유? 자기 계발을 해야 산다

직장 생활할 때의 일이다. 책을 무척이나 좋아하는 한 선배가 있었다. 소설, 에세이, 부동산, 금융, 취미, 컴퓨터, 전문 서적까지 가리지 않고 다독을 하는 사람이었는데, 이 선배가 독서를 하는 이유는 시대에 뒤처지지 않기 위함이라고 했다. 그리고 이렇게 하지 않으면 본인 스스로 불안함을 느끼기 때문에 독서를 한다는 것이다. 단지 이 선배의 사례만이 아니다. 한 리서치 보고서에 따르면 한국 사회에서 직업의 미래를 불안정하게 전망하는 경우가 많고, 가장 확실한 투자 대상은 나 자신이라는 인식이 강한 특징으로 나타났다. 나이가 적고 소득 수준은 높고 비교적 시간 활용이 자유로운 직종 종사자의 자기 계발 비율이 높았는데, 그중 1순위는 독서라고 보고한 바 있다[5].

지금 나의 직업인 기업교육 강사는 더 많은 독서를 요구한다. 누가 시켜서 하는 것은 아니지만 강사가 공부하지 않으면 학습자들에게 떳떳하지 못

할 거라는 생각, 항상 새로운 콘텐츠를 개발해야 한다는 생각, 자기 계발을 게을리하면 안 된다는 생각에 책을 읽는다. 솔직히 말하면 약간 의무적으로 읽는 것도 있다. 그 이면에는 어떤 것이 깔려 있을까? 아마도 내 깊은 내면에 불안정함이 깔린 것인지도 모른다. 불안정을 해소하기 위해 책을 읽으며 위안으로 삼는 것은 아닌지 모르겠다.

나의 강의 분야 중 '사상 체질 심리학'이 있다. 사상 체질을 의학으로만 알고 있지만, 의학이기 전에 사상 철학이다. 조선 후기 이제마 선생이 만든 이론이다. 모든 임상이 조선 후기 우리나라 사람을 대상으로 했기 때문에 서양의 다른 심리 진단보다 우리나라 사람에게는 더 맞는 것 같다. 이제마 선생의 저서 「동의수세보원」(東醫壽世保元)에 의하면 사람은 누구나 불안정한 마음 상태를 가지고 있다고 한다. 태양인은 급한 마음(急迫之心) 때문에 불안정한 상태이고, 소양인은 두려운 마음(懼心), 소음인은 늘 불안한 마음(不安定之心), 태음인은 겁나는 마음(怯心)을 선천적으로 가지고 있어서 불안정하다고 한다[6]. 이런 불안정한 상태에서 벗어나기 위해서 공부하고 수련해야 몸과 마음이 건강해질 수 있다고 말한다.

독서가 취미이고 책을 읽는 게 즐거운 사람도 있다. 이미 어느 수준 이상의 만족하는 마음이 되었다는 의미이다. 지적 유희를 찾는 것은 불안정을 없애는 데 도움이 된다. 불안정한 상태를 없애는 독서와 같은 지적 행위는 자연스레 인간을 발전하게 한다. 과학의 발전은 '불편함'을 '편함'의 상태로 만들면서 발전했다. 사람들의 마음도 마찬가지이다.

코로나 팬데믹이 불안정한 인간을 발전시키다

 잠깐 유행하다 끝날 줄 알았던 코로나 팬데믹이 길어지면서 생활 속 많은 변화를 가져왔다. 대부분 직장생활의 변화, 자유롭지 못한 생활, 경제적인 손실 등 부정적인 부분이 많다. 하지만 오히려 더 좋아진 점도 있다. 약 2년에 걸친 사회적 제재로 개인뿐 아니라 가정, 조직, 나라에 이르기까지 불안정한 상태를 겪고 있다. 과거의 불안정이 개인적인 일이었기에 개인 스스로 안정을 찾아갔다면, 이제는 집단으로 불안정함을 없애는 노력을 하고 있다.

 그 결과 디지털 전환(Digital Transformation, DT)의 속도가 빠르게 이루어졌다. 코로나로 인해서 비대면 문화가 정착되는 계기가 되었고 전자상거래는 8주 만에 10년간의 변화를 겪었다. 원격 의료는 15일 만에 10배의 성장을, 비디오 스트리밍은 5개월 만에 7년간의 조회 수를 기록했고 온라인 교육은 2주 만에 2.5억 회를 넘어서는 폭발적인 성장세를 나타냈다[7]. 또, 2020년 5월 '빌드 2020'에서 사티아 나델라 마이크로소프트 CEO는 2년이 걸릴 디지털 트랜스포메이션이 불과 2개월 만에 이뤄졌다고 평가했다[8]. 의료 기술의 발전도 눈부시다. 과거 일반적으로 백신을 개발하는 데 10여 년 걸렸던 것에 비해 코로나 19 백신은 불과 1년 만에 개발되었다. 이 모든 성과는 불안정한 사회를 안정화된 사회로 되돌리려는 집단 지성이 발휘되어서이다.

 교육 현장에도 큰 변화가 생겼다. 대면 교육에서 비대면 교육으로의 전환까지 1년이 채 걸리지 않은 것이다. 온라인 교육은 그 전부터 시행되었던 플랫폼이다. 그러나 효과성의 측면에서는 항상 의문점을 갖게 하였고, 성장세가 두드러지지 못했다. 특히, 기업교육 시장에서의 온라인 교육은 학습자들의 집중도가 떨어지고 제대로 된 참여가 이루어지지 않아 교육 담당자들 사이에서 좋은 평가를 얻지 못했다. 그래서 모든 직원이 반드시 들어야 하는 필수 교육에서만 한정적으로 활용되었다. 하지만 코로나 팬데믹을 거치면서 양적 성장뿐 아니라 질적 성장이 함께 이루어졌다. 새로운 실시간 화상회의나 교육이 가능한 플랫폼이 생겨나면서 대면 교육의 상당 부분을 대체하고 있는 것이다. 기관이나 회사마다 쓰는 플랫폼이 다르고, 계속해서 새로운 플랫폼들이 생겨나고 있다.

이제는 메타버스의 개념, 가상현실(VR, Virtual Reality), 증강현실(AR, Augmented Reality), 융합현실(MR, Mixed Reality, Merged Reality)과 같은 개념을 활용한 교육 플랫폼의 등장으로 교육자들은 급변하는 교육방식을 배우느라 고군분투하고 있다. 불안정한 상태를 극복하고 안정으로 가기 위해 기꺼이 많은 에너지를 쓰고 있다. 그렇지 않으면 불안정한 상태를 포기하고 다른 직업을 가져야 할 수도 있기 때문이다.

불안정한 상태를 벗어나는 방법은 크게 두 가지로 볼 수 있다. 한 가지는 내면의 엔트로피를 낮춰 안정으로 가기 위해 노력하는 것이고 다른 하나는 포기하고 다른 방법을 찾는 것이다. 여기에서는 현 상태에서 변화나 발전이 가능한 극복의 형태로 에너지를 쓰는 방법을 제시하고자 한다. 다른 방법을 찾는 것이 나쁘다는 것은 아니지만 대안을 찾을 수 없는 경우가 많기 때문이다.

불안정의 굴복을 피하는 방법

　불안정의 상태를 벗어나기 위해서는 상당한 에너지가 필요하다. 그 이유는 뇌가 각성하여야 하기 때문이다. 우리 뇌는 같은 패턴의 일상에서는 각성하지 않고 무의식으로 행동한다. 그래야 에너지 소모를 최소한으로 할 수 있기 때문이다. 예를 들어, 우리는 집 근처 버스 정류장이나 마트, 공원에서 집으로 갈 때 주위를 꼼꼼히 살피면서 가지 않아도 무사히 집에 도착한다. 이미 집으로 가는 길이 충분히 학습되어 뇌가 각성상태가 아니기 때문에 에너지를 많이 쓸 필요가 없다. 초행길이라면 안내문이나 지도 등을 활용하여 주변을 살피면서 걸을 것이다. 그때 우리의 뇌는 각성한 상태로 몸의 에너지를 많이 쓰게 된다. 이렇듯 우리 뇌와 몸은 에너지를 적게 쓰는 방향으로 움직인다.

　대부분의 일은 미리 준비하면 조금 힘들더라도 결과적으로 에너지를 적게 쓰게 된다. 이 사실을 알면서도 쉽게 행동을 변화시키지 못한다. 학창 시절 항상 벼락치기 했던 것처럼 말이다. 습관이 되기까지 많은 연습이 필요한데 그 연습을 조금이라도 줄일 방법이 관점의 변화이다.

　의식적으로 각성하여 행동하는 것은 스트레스를 만들어 내는데, 이 스트레스에 대한 관점을 바꿀 필요가 있다. '스트레스'란 말을 처음으로 의학에서 사용하여 스트레스의 아버지로 불리는 한스 셀리에(Hans Selye)는 "우리를 죽이는 것은 스트레스가 아니다. 그것을 받아들이는 우리의 태도에 달려 있다."라고 말했고, 긍정심리학, 행동심리학자로 가장 주목받고 있는 켈리 맥고니걸(Kelly McGonigal)은 "스트레스 자체가 건강에 영향을 미치는 것이 아니라 스트레스와 스트레스가 건강에 해롭다는 믿음이 결합될 때 우리 건강에 악영향을 미친다."라며 생각의 전환을 강조했다. 좋은 습관을 빠르게 만들고 싶다면 관점의 변화가 필요하다.

03 | 불안정 에너지 소비하기

불안정 에너지를 소비하기 위한 3가지 기술, 의미 있는 목적 가지기, 목표 세우기, 스트레스 관리

청개구리 마음이 불안정을 키운다

평화롭고 아름다운 세상에서 살고 싶은 마음은 누구에게나 있다. 각자가 생각하는 유토피아에 산다면 아무 불만 없이 살 수 있을까? 프랑스의 정신분석가 자크 라캉은 "인간의 욕망은 환상과도 같아서 신기루처럼 잡는 순간 저만큼 물러난다. 그 대상이 욕망을 완전히 충족시킬 수 없기에 대상을 향해 가고 또 간다. 결국, 죽음만이 욕망을 충족시키는 유일한 대상이다." 라고 하였다. 쉽게 정리하자면 사람의 욕심은 끝이 없다는 뜻이다.

"마음에 드는 명품 가방 하나만 사면 소원이 없겠어요."라고 노래 부르듯 말했던 후배가 생각난다. 그리고 몇 달 후 원하는 명품 가방을 샀다며 자랑을 했다. 그런데 며칠 후 또 다른 명품 가방이 눈에 들어온다며 다음에는 그것을 사겠다고 하는 것이다. 이런 사례는 주변에서 많이 봤을 것이다. 어쩌면 이 책을 읽고 있는 독자들도 이런 비슷한 생각을 해 본 적이 있을 것이다. 갖고 싶었던 것을 얻으면 거기에 만족하는 것이 아니라 또 다른 욕심이 생겨나는 이러한 마음은 사람이라면 누구나 가지고 있는 것으로 내면의 불안정을 자연스럽게 만들어 낸다.

캐나다의 교통 심리학자인 와일드(Gerald J. S. Wilde)는 1982년 '리스크

항상성 이론'(Risk Homeostasis Theory)을 주장했다[9].

이것은 안전해지는 어떤 기술이나 환경이 조성되면 개인이 느끼는 리스크(위험요소)가 낮아지면서 행동 리스크가 올라간다는 이론이다. 안전장치를 많이 한다고 해서 궁극적인 사고율이 떨어지지는 않는다는 뜻이다. 운전을 예로 설명하면, 비포장도로를 운전한다고 생각해 보자. 차가 덜컹거리며 움직이기 때문에 천천히 운전할 것이다. 운전자가 위험하다고 느끼고 그렇게 해야 안전하다고 생각해서 조심스럽게 운전한다. 그런데 이 도로가 시야가 확 트이고 포장이 잘되어 있으며 교통 표지판도 잘 보이도록 설계되어 달리기 쉬운 상태라고 생각해 보자. 그리고 차도 주변에 거의 없다. 이곳의 제한 속도가 80km라고 한다면 속도를 준수하며 운전하겠는가? 아마도 대부분 사람은 과속할 가능성이 크다. 환경이 안전하다고 느끼면 행동 리스크가 올라간다는 말이다. 마치 청개구리 같은 마음이 우리의 마음속 불안정성을 높이게 된다. 코로나 백신을 맞으면 마스크를 안 써도 된다는 생각, 헬멧을 써서 안전할 거라는 생각, 영양제를 먹기 때문에 건강에 문제가 없을 거라는 생각 등이 같은 예라고 할 수 있다.

청개구리 마음이 안정으로 간 우리의 마음을 다시 불안정의 상태로 가져다 놓는다. 이러한 마음이 꼭 나쁜 것은 아니다. 현재 상태에 만족하지 않고 더 나은 삶을 만들어 내는 원동력이 되기 때문이다. 앞에서 가정했던 '불안정이 사람을 발전하게 만든다'라는 말이 바로 이 청개구리 마음에서 나온 것이다. '불안정'이라는 에너지를 잘 활용하는 사람은 자기 발전, 자기 계발을 잘하는 사람이 되고, 잘 활용하지 못하면 자기 비하나 자존감의 하락을 가져온다. 어떻게 해야 불안정 에너지를 잘 활용할 수 있을까?

의미 있는 목적 가지기

"삶의 목적은 찾아낼 가치가 있는 유일한 행운이다."
-로버트 루이스 스티븐슨

　삶의 목적을 가지고 살아가는 사람을 보면 어딘가 모르게 힘이 느껴진다. 행동 하나하나가 멋있게 보이기까지 한다. 계획을 세우고 움직이는 사람에게는 안정감이 돋보인다. 이것을 따라 해 보려고 몇 번의 작심삼일(作心三日) 계획을 세웠는지 모른다. 초등학생 시절 방학 때면 그렸던 동그란 계획표부터 대학 졸업할 때까지 시험공부 계획이라며 세웠던 모든 것을 거의 지킨 적이 없었다. 다른 친구들은 계획을 세우면 잘하는데 왜 나는 잘 안 되었을까? 지금 생각해 보면 그동안 못 지켰던 계획들은 '계획을 위한 계획'을 세웠던 것 같다. '남들도 계획을 세우니 나도 따라 해 봐야지' 수준의 계획이었으니 실행하기 어려울 수밖에 없었던 것이다.

　지금은 계획표보다는 일정표를 만들어 생활한다. 그래서 항상 마감이 코앞이다. 당장 그날이 되어야 할 일이 생각나고 부랴부랴 숙제하듯 처리하기 바쁘다. 이런 행동의 이유는 일정표에는 의미가 없기 때문이다. 내가 해야 할 일만 있을 뿐 목적이나 계획은 잊고 있다. 그냥 시간의 흐름대로 따라가는 행동만 있을 뿐이다. 그러다 보니 미래에 대한 계획이 사라지고 하루를 살아 내는 데 급급해진다. 매일의 불안정한 상태를 간신히 해결하는 정도니, 점점 힘에 부치고 미래에 대한 불안감은 더 커진다.

긍정심리학자 쇼냐 류보머스키(Sonja Lyubomirsky)는 행복해지기 위한 첫 번째 방법으로 의미 있는 목표를 제시했다[10]. 의미 있는 목표는 단순하게 '집 사기, 자동차 사기, 재산 불리기' 같은 표면적인 목표가 아니다. 이러한 목표는 달성 후 내 마음속 청개구리를 꺼내게 된다. 그러면 자연스럽게 그전 목표 앞에 '더'가 붙을 것이다. 더 큰 집사기, 더 좋은 자동차 사기, 더 많은 재산 불리기와 같은 것들이 또 다른 목표가 되어 불안정이 더 증가할 수 있다. 의미 있는 목적은 '불안정한 나'에게서 '안정한 나'를 만들기 위한 과정이다. 의미 있는 목적을 세우기 위해서는 목적에 마음을 집중할 수 있어야 한다. 계획에 따른 목표를 이루기 위해 노력하고, 가치 있는 도전을 하는 과정을 통해 삶의 질을 높이는 게 중요하다.

> **의미 있는 목적과 계획에 따른 목표를 세워야 하는 이유**
> 1. 일상생활에 자극을 주어 자신의 능력을 발휘할 수 있게 한다.
> 2. 목표를 달성해 가는 과정에서 자존감이 올라간다.
> 3. 쓸데없는 에너지 소모를 줄여 불안정으로 가는 에너지를 줄인다.

역순으로 목표 세우기

그동안 많은 목표를 세워 이뤄 보기도 하고 포기하기도 했다. 포기했던 목표는 대부분 의미 있는 목적에 따른 목표가 아니었거나 무리한 계획이었다. 목표를 달성했던 경우는 공통점이 있었다. 역순으로 목표를 세웠던 경우이다. 방법은 이렇다. 지금을 시작으로 최종 목표 달성 기간을 정한다. 그 후에 목표 달성 기간에서 거꾸로 계획을 세우는 것이다.

내가 했던 계획을 예로 들어 보겠다. 기업교육 강사로 활동하며 가장 목말랐던 것이 '나만의 차별화된 강의 콘텐츠'였다. 우선 콘텐츠 개발 완료일을 5개월 후 오늘로 정한다. 그리고 뒤에서부터 세부 계획을 세웠다. 오늘로부터 개발 완료일까지의 절반에 해당하는 2.5개월 정도 되었을 때, 어느 정도 진도가 나가 있어야 목표가 달성될 수 있는지 정한다. 이때부터 교안 만들기를 시작한다. 그 이후 다시 교안 만들기에서 기간을 절반으로 나눈다. 약 1.3개월, 대략 5주 후에는 '어떤 것까지 되어야 이 목표가 달성될까?'를 고민하여 적는다. 나는 자료 수집을 완료하는 것으로 잡았다. 다시 절반을 나눈다. 약 2.5주, 약 18일 전에 진도 상황은 전문 서적, 논문, 기사 자료, 전문가 인터뷰나 자문 선정으로 정했다. 또 절반, 9일 후에는 기업교육 시장에서 통할 수 있는지에 대한 조사, 다시 절반인 4일 후에는 주제 선정으로 잡았다. 그리고 각각의 기간 동안 해야 할 일들을 나열해서 세부 기간을 선정하였다. 이 과정을 간트 차트 식으로 도식화해 보면 다음과 같다.

오늘	4일	9일	5주	1.3개월	2.5개월	5개월
주제 선정	시장 조사	자료 선정	자료수집 완료		교안 작업	콘텐츠 완료

이렇게 기간을 반씩 5번 이상 나누면 하루나 일주일 내에 해야 할 일이 명확해진다. 최종 목표만 잡았을 때는 정확하게 어떤 것부터 해야 하는지 손에 잡히지 않고 막연하지만, 역순으로 쪼개면 당장 해야 할 일이 나온다. 여기에 각 기간에 할 일을 세부적으로 나누면 완전한 계획이 만들어진다. 한 가지만 예를 들면 2.5개월~5개월에는 소주제 구성, 목차 만들기, 이미지 찾기, 표나 그래프로 도식화하기 등의 계획을 세우면 되는 식이다. 만약 세워 놓은 계획의 실천이 어렵다면 그때는 기간을 수정해야 한다.

목표를 세우는 것만큼 중요한 게 목표를 수정하는 일이다. 사람이 살면서 한 가지의 목표를 가지고 사는 것이 아니다. 수많은 목표가 혼재되어 있으므로 목표를 설정할 때는 기간에 신경을 써야 한다. 목표는 본질적인 목표, 조화로운 목표, 실행 가능한 목표, 눈에 보이는 목표를 세우는 것이 바람직하다. 이런 분류가 어렵게 느껴진다면 물질적 목표, 직업적 목표, 정신적 목표로 바꿔 생각하는 것도 좋다. **목표를 세우고 실천하는 과정에서 우리는 불안정한 에너지를 효율적으로 소비할 수 있다.**

스트레스 관리가 불안정 에너지를 소모한다

인간은 살면서 스트레스를 받는다. 스트레스는 내면의 엔트로피를 올려 우리를 불안정하게 만든다. 올바른 스트레스 관리는 불안정에서 안정으로 가는 좋은 방법이다. 여기서는 일상생활에서 활용할 수 있는 스트레스 관리법을 소개하려고 한다.

분위기 전환하기

오랜 시간 한 가지 일에 집중하다 보면 일의 능률도 떨어지고 스트레스도 많이 받게 된다. 학교의 시간표를 보면 50분 수업하고 10분을 쉰다. 물론 초등학생은 더 짧은 시간 동안 수업을 하지만 쉬는 시간 10분은 그대로 유지한다. 쉬는 시간 10분이 분위기를 바꾸어 놓아 다음 시간에 다시 집중할 수 있게 만들어 준다. 일하면서 스트레스를 받는다면 중간에 쉬는 시간을 설정해 놓고 분위기를 바꾸어 보자. 직장에서 쉬는 시간 갖는 것이 눈치가 보인다면 일의 종류를 바꾸어 보는 것도 괜찮다. 비슷한 일의 종류가 아닌 다른 일을 하면 우리 뇌에 분위기를 바꾸어 주는 역할을 한다. 자료를 찾아 정리하다가 집중력이 흐트러지면 발표 자료를 만드는 것이 그 예이다. 머리 쓰는 방식을 바꿔 주는 것은 분위기를 전환하는 효과가 있다. 물론 가장 좋은 것은 온전히 쉬어 주는 것이다. 단, 예외가 있다. 몰입한 상태라면 몰입이 깨질 때까지 그대로 유지해도 좋다.

불안 마주하기

운동선수들은 경기에 나가기 전에 약간 들뜬 상태나 흥분(긴장) 상태를 만든다. 과도한 흥분이 아닌 적당한 흥분은 선수들의 경기력을 좋게 만든다는 것을 알고 있다. 그래서 일부러 소리도 지르고 선수들끼리 '화이팅'을 외치는 것이다. 이때 우리 몸에 분비되는 대표적인 스트레스 호르몬은 아드레날린(에피네프린)이다. 분명히 스트레스 호르몬이지만 오히려 경기력에 도움을 준다. 이와 반대로 시험 보기 전에는 긴장감, 불안감, 압박감을 느끼고 이것을 떨쳐내기 위해 안간힘을 쓴다. '너무 긴장해서 시험을 망쳤어', '시험에 대한 압박감이 심했어' 등의 표현을 한다. 이것 또한, 스트레스 호르몬인 아드레날린이 분비되어 생기는 현상이다. 그렇다면 이상하지 않은가? 같은 호르몬인데 서로 작용이 달라지니 말이다. 그런데 재미있는 사실은 마음을 가라앉히는 편보다 약간의 흥분 상태일 때 시험에 대한 성과가 더 좋다는 연구 결과가 있다는 것이다[11]. 시험 볼 때 격려를 받아 마음이 안정되었다는 학생들에게서 스트레스 호르몬의 농도를 검사해 보면 별 차이가 없거나 더 올라간 예도 있다. 우리가 흔히 '기분 탓이다'라고 말하는 것과 꼭 들어맞는 것이다. 격려를 받아서 스트레스 호르몬이 줄어든 것이 아니라 사고방식의 중재가 일어난 것이다.

사고방식의 중재는 격려를 받아서 마음이 안정되었다고 믿는 것, 든든한 사람이 옆에 있어서 일을 잘 처리했다는 것 등을 예로 설명할 수 있다. 정리하면 내가 스트레스 상황이라 할지라도 그 상황이 오히려 '나에게 도움이 된다'라는 믿음을 가지면 실제 도움이 된다는 것이다. 이것은 가짜 약을 투약해도 효과가 나타난다는 '플라시보 효과'(Placebo Effect)와 맥락을 같이한다. 앞에서 예로 들었던 켈리 맥고니걸이 불안이나 좌절이 삶의 에너지라고 말하는 것과 같다. 이처럼 사고의 전환이 스트레스 관리에 큰 도움을 준다.

04 | 불안정은 삶의 원동력이다

> 불안정의 다른 이름은 발전 에너지이다. 어떻게 활용하는가는 나의 선택에 달려 있다.

삶의 안정을 찾아가는 변화

인류는 진화한다고 한다. 진화라는 것은 점점 변해 가면서 발달하는 과정이다. 내 삶의 진화라는 표현이 과할지 몰라도 분명히 조금씩 바뀌고 있다. 노후를 생각하며 저축하는 것, 자기 계발을 위해 노력하는 것, 나에게 온전히 시간을 투자하는 것, 건강을 위해 운동하는 것 등의 모든 행동은 좋은 습관으로 안정을 찾아가기 위함이다. 물론 모든 사람이 좋은 습관을 만들어 내는 것은 아니다. 때론 몸이나 상황을 악화시키는 방향의 행동을 하기도 한다. 하지만 이 모든 것은 자신의 불안정을 벗어나기 위한 것이다.

생활 속 불편함을 느끼는 것은 곧 불안정하다는 뜻이다. 며칠 전 뉴스에서 생활 속 불편함을 대신해 주는 서비스를 소개하는 것을 본 적이 있다. 매일 옷 고르기를 힘들어하고 옷 사는 것을 괴로워하는 사람들을 위해 옷 쇼핑 대행 서비스가, 쓰레기 분리가 복잡하고 힘든 사람을 위해 쓰레기 분리 수거 대행이, 백화점이나 마트의 할인 행사 시 미리 줄을 서 주는 줄 서기 대행 서비스가 나왔다. 불안정에서 안정으로 가려는 인간의 심리가 반영된 것이다.

안정의 변화를 수용하는 몸

대학 시절 전공과목 중 생물학을 배우면서 모든 생물은 생애 주기가 있다는 것을 배웠다. 성장하다가 어느 순간 정점을 찍고 점점 쇠퇴기를 걷는다는 것이다. 생물학적인 몸은 그렇게 변화하는 게 자연스러운 일이지만 우리의 정신은 나이가 들어도 안정을 향해 나아간다. 알츠하이머나 치매 같은 질환이 생겨 후퇴하는 경우를 제외하면 말이다.

나는 몇 년간 후성유전학(Epigenetics)에 심취해서 공부한 적이 있다. 이 과학 이론에 따르면 인간의 유전자는 선천적 부모세대에게 받은 상태를 유지하는 것이 아니라 주어진 환경에 따라 유전자의 발현(속에 있던 것이 나타나는 현상)이 달라진다는 것이다. 이렇게 달라진 유전자가 후세에 그대로 유전된다. 후성유전학의 발달로 진화를 과학적으로 설명하는 게 가능해졌다. 이것은 우리에게 시사하는 바가 크다. 좋은 습관을 만들면 좋은 유전자가 작동하고 나쁜 습관을 만들면 나쁜 유전자가 작동하여 생활에 영향을 준다. 불안정을 없애는 방법으로 좋지 않은 방법을 쓴다면 그 순간은 괜찮겠지만 결과적으로 삶의 질이 떨어질 수밖에 없다. 이것은 우리의 과거 경험으로 알 수 있다. 건강을 위해 운동이 필요하다는 걸 알고 있지만 게으름으로 인해 살이 찌거나 피로감을 더 느꼈던 경험을 하고 후회한 적이 있지 않은가? '운동한다'라는 것은 큰 에너지를 쓴다는 의미다. 그런데 운동을 위해 당장 큰 에너지를 쓰기보다 안정적으로 쉬는 것을 택한다. 이렇게 순간의 편리함을 선택하다 보니 운동은 점점 더 멀어지게 되고 운동에 관한 스위치를 내려 운동하지 않는 습관이 된다. 불안정에서 안정으로 가기 위해서는 에너지가 필요하고 그 에너지를 쓰는 과정에서 힘들거나 귀찮음이 나타난다. 결국 지금의 안정을 위해 조금 힘든 행동을 하지 않아 후회하게 된다.

발전하는 삶이 안정을 만든다

인간이 발전하는 이유는 끊임없이 불안정을 해결하는 과정에서 나온다. 더 나은 삶을 마다할 사람은 없을 것이다. 나은 삶이란 불안정을 해소하는 삶이다. 삶의 목적에 따라 계획을 세워 목표를 달성하기 위해 실천하는 행위는 불안정을 떨쳐버리고 안정을 향해 가는 가장 좋은 방법이다. 불안정은 인간을 발전시키는 잠재력인 셈이다. '불안정'이라는 에너지를 어떻게 활용하는가에 따라 인간의 삶이 달라진다. 불안정을 지배하는 사람이 성공한다는 얘기다. 불안정한 상황을 부정적으로 생각하기보다는 활용하기 좋은 에너지라고 생각하면 좋은 것이다. 불안정을 해소하기 위한 에너지는 원석을 잘 다듬어 질 좋고 큰 보석을 만들 수 있는 것으로 생각하면 된다.

불안정은 우리의 잠재 에너지다. 에너지의 총량은 같다. 에너지를 부정적(-) 방향으로 쓸 것인지 긍정적(+) 방향으로 쓸 것인지는 우리의 선택에 달려 있다. 전제적인 에너지의 합이 긍정적(+)으로 간다면 삶의 질이 올라가게 되는 것이고 부정적(-)으로 가게 되면 더 많은 불안정을 겪어야 할지도 모른다. 부정적 에너지의 방향만 바꾸어 놓으면 된다. 그 방법으로 관점의 변화, 의미 있는 목적과 목표의 설정, 스트레스 관리와 같은 게 있다는 걸 알고 내가 가장 쉽게 할 수 있는 것을 해 보면 어떨까? 내면의 엔트로피는 끊임없이 불안정을 가져다줄 것이다. 이것은 새로운 에너지가 생겼다는 것이다. 불안정을 우리를 발전하게 만드는 에너지라 생각하면 '불안정'이란 말은 곧 '안정'으로 바뀔 수 있다.

2 Chapter
소비하는 인간

김관주
지아이연구소 소장

> 참 풍요로운 시대를 살아가고 있다.
> 하지만 더 많은 선택기회가 꼭 행복으로 이어지는 것은 아니다.
> 여기에 우리들의 성찰과 지혜가 필요하다. '행복'을 선택하는,
> '지혜'로운 소비자가 많아질 때 세상은 지금보다 더 나아질 것이다.
> 그 세상에 우리는 멋진 '공급자'가 될 수 있다. 스스로에게 질문해 보자.
> 단순한 소비를 넘어, 나는 무엇을 세상에 공급할 수 있을 것인가?

01 | 브랜드와의 첫 만남

우리가 구매하는 브랜드에는
스토리와 이유가 있다.
왜 우리는 소비하는가?

Just do it

'간절하게 원했지만 갖지 못했던 것'

내가 중학생이 되던 해, 대한민국에는 아주 큰 변화가 있었다. 바로 '교복 자율화'다. 1969년 중학교 평준화 정책이 시행되면서 시도별로 획일화, 균일화된 교복이 등장하였고, 학교별 특성 없이 모두 똑같은 교복을 입었다. 검정색 교복과 양철 단추, 이름표 등(영화 〈친구〉의 주인공들이 입던 까만 교복이 바로 그것이다). 1983년 3월부터 '획일', '몰개성', '일제 잔재'의 상징처럼 여겨지던 교복에서 중·고등학생을 자유롭게 해 주겠노라고 교복 자율화가 시행되었다. 하지만 이때부터 학생들에게 복장은 서로 간의 차이를 드러내는 비교대상이 되었다. 특히 남자아이들에게는 신발이 그랬다. 당시 인기가 많았던 최고의 운동화는 '나이키'와 '프로스펙스'였다. 나머지는 그냥 운동화였다. 여전히 운동화를 살 때면 발뒤꿈치에 손가락 두 마디가 들어가야 사주시던 어머니께 나이키는 언감생심. 너무 갖고 싶고, 너무 사고 싶었지만 단 한 번도 사 달라고 말씀드리지 못했다. 그렇게 나는 '그냥 운동화'를 신고 지냈다.

대학생이 되어서야 아르바이트로 돈 모아 처음 샀던 흰색 나이키 운동화. 그때의 뭉클한 감동을 생각하면 지금도 볼이 빨개진다. 너무 가슴이 뛰고 좋았다. 비라도 오는 날이면 절대 신지 않고 애지중지했던 운동화. 우습기도 하지만, 흡사 첫사랑과 같은 느낌. 그 이후로 작년 생일선물로 받은 신발까지 나이키는 여러 가지 추억을 내게 선물해 주었다. 몇 년 전 나이키 창업자, 필 나이트가 쓴 자서전「슈독」(SHOE DOG)을 읽었다. 무려 552페이지에 달하는 두꺼운 책이었지만 참 재미있게 읽었다. 아마 애틋한 옛날 감정도 한몫했으리라. 만년 2등이었던 어느 운동선수가 먹고살기 위해 회계사가 되었고, 훗날 신발 사업을 시작하였지만 6년이 넘도록 적자였다. 하지만 그는 포기하지 않았고, 결국 시가총액 200조 원이 넘는 글로벌기업의 CEO가 되었다. 그가 외친 한마디는 아직도 살아서 우리의 가슴을 뛰게 한다. "Just do it"[1].

도대체 브랜드가 뭐죠?

브랜드(Brand)라는 단어는 노르웨이 고어 'brandr'에서 나온 것으로 추정된다. 이 단어는 '태운다(to burn)'는 뜻을 지니고 있는데, 고대 유럽에서 가축 소유주가 자기 가축에 낙인을 찍어 소유주를 명시했었다고 한다. 제품의 생산자 혹은 판매자가 제품이나 서비스를 경쟁자들의 것과 차별화하기 위해 사용하는 독특한 이름이나 상징물의 결합체를 우리는 '브랜드'라고 부른다. 현대 들어 브랜드는 단지 다른 제품과의 구별뿐만 아니라 제품의 성격과 특징을 쉽게 전달하고 품질에 대한 신뢰를 끌어올려 판매에 영향을 끼치는 사회, 문화적 중요성을 가지는 상징 체계가 되었다. 최근 경영과 마케팅 환경에서 '브랜드'는 더 이상 낯설거나 무관심의 대상이 되는 단어가 아니며 그 자체로 '명품' 또는 '우수 상품'이라는 이미지를 지니고 있는 것으로 평가받는다[2].

이런 브랜드와 고객이 만나도록 하는 수많은 활동을 우리는 '마케팅'(Marketing)이라 부른다. 제2차 세계대전 이후로 전 세계는 평화의 시대를 보내고 있다. 대부분의 제품군에서 일정 수준 이상의 품질이 보장되면서, 기업(생산자)은 고객들의 선택을 받기 위해 더욱 노력해야 하는 시대가 되었다. 공급과잉의 시대가 우리 앞에 펼쳐진 것이다.

소비와 행복의 관계

소비자는 이제 퇴근하는 전철에서 스마트폰 앱을 통해 스위스 장인이 만든 시계를 바로 구매할 수 있다. 저녁 11시에 드라마를 보다 갑자기 해물탕이 먹고 싶어 스마트폰을 들면, 신선한 재료들이 다음 날 새벽 6시에 문 앞에 놓이는 시대. TV채널을 돌리다 보면 너무나도 많은 쇼호스트들이 좋은 제품, 맛있는 음식, 예쁜 옷, 유명한 여행지를 소개하고 있다. 바야흐로 고객의 권리가 극대화되는 시대가 된 것이다.

그런데 우리는 왜 더 혼란스럽고, 더 갈증을 느끼며 살아가는 걸까? 많은 이들이 스트레스 해소를 위해 숱한 제품을 사들이는데, 정작 그들의 마음은 텅 비어 가고 있다. 품질 좋은 제품은 많아지고, 선택의 폭도 넓어졌는데 그만큼 만족감도 커졌을까? 고객의 선택에 관해 가장 널리 인용되는 연구 중 하나는, 스탠포드 대학원생이었던 Iyengar의 쨈 판매량에 관한 이야기다. 요약하자면, 쨈 시식대에서 24가지 종류의 시식을 했을 때는 사람들이 더 많이 몰려들었지만 모두 구매로 이어지지는 않았다. 구매비율 고작 3%. 하지만 잼 종류가 6가지일 때는 다른 결과가 나왔다. 무려 구매비율이 30%[3].

그렇다면 선택지가 점차 많아지는 시대, 역사 이래 가장 풍요로운 시대를 살아가는 우리는 어떤 소비를 해야 하는 것일까? '생산의 시대'에 '소비자의 권리'를 말했다면, '풍요의 시대'에 우리는 '소비자의 행복'에 대해 질문하며, '소비자의 지혜로운 선택'을 고민해 보아야 할 것이다.

02 | 소비가 주는 '행복'을 선택하자

우리의 소비가 '타인의 시선'에서 자유롭지 못하면, 행복하기 어렵다. 어떤 선택을 해야 하는가?

당신은 행복한가?

'타인의 시선은 지옥이다'

프랑스의 작가이자 실존주의 철학가인 장 폴 사르트르가 한 이야기다. 타인의 시선을 과하게 의식하는 이들에게 삶은 지옥일 수 있다는 사실이다. 인스타그램에 올릴 사진을 위해 여행을 가고, 페이스북에 올릴 사진을 위해 캠핑 장비를 사는 것은 어리석은 선택이다. '행복해 보이는 삶'과 '행복한 삶'은 많이 다르다. 아주아주 많이 다르다. '행복해 보이는 삶'을 위한 소비는 결국 실제 삶과 괴리감을 키워 가다 한순간에 허물어지는 모래성을 쌓고 있는 것이다.

가성비 → 가심비 → 가잼비

합리적인 소비를 지향하는 '가성비'(가격대비 성능) 트렌드가 몇 년 전까지 소비 시장을 지배하였다. 특히 온라인 쇼핑이 활발해지고, 정보 접근성이 편리해지면서 소비자는 저렴한 가격에 만족스러운 품질의 상품을 구매할 수 있게 되었다. 그러다 2018년 전후 2030 젊은 층을 중심으로 가격 대비 심리적인 만족감을 중시하는 '가심비(價心比)' 트렌드가 떠오르기 시작했다. '욜로'(YOLO, You Only Live Once), '소확행'(일상에서 작지만 확실한 행복)을 중시하는 고객은 평상시에는 저렴한 식사를 즐기지만, 중요한 순간에는 서너 배 비싼 근사한 식사에 아낌없는 지출을 한다. 하루 종일 고생한 스스로를 위해 안전하고 편안한 프리미엄 택시(카카오블랙 등)에 돈을 지불하고도 결코 아까워하지 않을 수 있다. '나는 소중하니까.'

2020년부터 MZ세대를 중심으로 '가잼비'(가격 대비 재미)가 뜨고 있다. 맥주를 예로 들자면 공급이 수요를 따라가지 못했던 '곰표 밀맥주'를 비롯하여 '금성맥주', '골뱅이맥주', '쥬시후레쉬맥주' 등 많은 분야에서 고객의 선택을 받기 위한 브랜드들의 노력이 계속되고 있다. 공급과잉 시대의 자연스러운 변화인 것이다. 가성비, 가심비, 가잼비가 중요한 것이 아니라, 가격대비 소바자가 중요하다고 생각하는 부분이 달라지고 있다는 것이 중요하다. '사랑은 움직이는 거야'라는 유명한 광고카피처럼, 소비자의 마음은 움직이고 있다.

소비가 주는 행복

대한상공회의소에서 2021년 6월 실시한 '코로나시대 소비행태 변화와 시사점 조사'를 보면, 코로나 이후 감정 상태에 대해 61.9%가 '우울한 편'이라고 답했다. 이를 반영하듯 응답자 62.6% 소비자는 '나만의 행복과 자기만족을 위해서 조금 비싸더라도 기꺼이 지불할 의향이 있다'고 밝혔다. 응답자 40%는 최근 1년간 보복소비를 경험했다고 밝혀 소비욕구가 한꺼번에 분출되는 양상을 보이고 있는 것으로 나타났다. 이런 시점에 우리는 나의 소비를 돌아보아야 한다[4].

2012년 7월 28일. 보름 동안 해외여행을 간 적이 있다. 떠나기 전 몇 날 며칠을 고민하며, 여행에서 꼭 필요하다고 판단해서 샀던 많은 물건들. 현지에서 비가 쏟아지는 상황 속에서, 3번 숙소를 옮길 때마다 캐리어를 낑낑거리고 다녔던 기억들. 마지막 날 한국으로 돌아오는 짐을 싸면서 알게 되었다. 이렇게 많은 짐이 필요하지 않았다는 사실을 말이다. 너무 많은 물건들이, 혹시나 하는 불안감으로 먼 이국땅까지 들고 온 불필요한 짐이었다는 사실을. 그 기억이 인생 경험이 되어 나에게 말한다. 여행의 고수가 되려면 짐이 가벼워야 한다고. 우리 삶도 그러하다고. 소비를 선택하는 것이 아니라, 소비가 주는 '행복'을 선택해야 한다고. 그게 옳은 선택이라고.

소유보다 경험을 선택하라

2007년 출간 이래 40만 독자의 사랑을 받으며 국내 심리학의 바이블로 자리매김한 「프레임」의 지지 최인철 교수는 「굿 라이프」에서 행복에 관한 구체적인 방법론을 제시하고 있다. 행복에 관한 생각이 아닌, 실제 삶의 기술. 그중에 '소유보다 경험을 사라'는 말을 강조하고 있다. 실제 동일한 재화를 사용한 사람들을 비교해 본 결과 '소유'보다는 '경험'에 투자한 사람의 행복감이 더 높은 것으로 조사되었다[5].

「우리집엔 아무것도 없어」의 저자 유루리 마이는 성인이 되어서도 초등학생 시절 자신이 메고 다닌 가방조차 소중한 추억이라며 곳곳에 쌓아두고 살았다. 어느 날 지진이 일어나고 집에 있던 유루리 마이는 자신이 그렇게 소중하게 여긴 물건들이 넘어지며 옴짝달싹 못 하는 신세가 된다. 구조를 기다리던 저자는 '과연 내 생명을 위협하는 이 물건들이 나에게 소중한 것인가?'라는 진지한 질문을 처음으로 하게 된다. 가까스로 구조된 그녀는 다시는 이렇게 살지 않겠다고 다짐하며 새로운 인생을 살게 된다. 그녀가 미니멀라이프를 실천하면서 변화된 삶은 드라마로, 책으로 제작되어 전 세계 많은 이들의 삶을 변화시키는 촉매제가 되었다[6]. 최소한의 물건을 구매하고, 소유하는 삶. 그리고 용기 있게 '경험'을 선택하는 삶. 「이대로는 안 되겠다 싶은 순간 정리를 시작했다」의 저자 윤선현 대표는 이렇게 말한다. "불필요한 것들을 버리고, 소중한 것들로만 인생을 채우세요. 당신의 인생을 사랑하는 가장 쉬운 방법입니다."[7]

우리의 소비가 그래야 한다. 내가 사는 물건들이 내 삶을 채울 것이며, 내가 경험하는 것들이 내 인생을 만들어 갈 것이다. 인생을 마치는 그 날, 사지 않은 것을 후회하는 이들은 거의 없다. 대부분, 하지 않은 것을 후회하면서 눈을 감는다.

03 | '지혜'로운 소비자가 되자

좋은 제품이 넘쳐나는 시대. 소비자에게는 행동할 수 있는 권리가 주어졌다. 어떤 칼을 휘두를 것인가?

소비자에게 주어진 쌍칼

'착한 가게, 돈쭐 내 주러 가자'

 가진 돈이 571원뿐이었던 한 부모 가정의 아빠가 이전에 주문한 적 있는 피자가게에 연락했다. 일곱 살 딸 생일선물로 피자를 먼저 보내 줄 수 있느냐고. '기초생활비 받는 날 피자 값을 드리겠다'는 메모와 함께. 점주 황진성 씨는 부탁을 모른 척하지 않고 이들에게 피자를 보내 주었다. '부담 갖지 마시고 따님이 피자 먹고 싶다고 하면 연락주세요'라는 메시지와 함께. 이 소식이 인터넷을 통해 퍼지면서 황 씨가 운영하는 가게에는 주문이 밀려들었다. '좋은 분이 만들어 주시는 음식이라면 더 믿고 먹을 수 있을 거다', '대가 없이 베풀 줄 아는 가게라면 정직한 장사를 할 거란 믿음에 시켜 먹는다' 등과 같은 후기가 대부분이었다[8].

 이와 유사한 사례는 종종 있었다. 5,000원을 들고 거리를 배회하던 소년가장 형제에게 공짜 치킨을 준 서울 마포구의 한 식당, 저소득층 자녀들에게 아침 김밥과 여성용품을 무료로 나눠준다는 경기도 안산시의 한 편의점 등 우리가 잘 모르고 있었던 착한 가게들에 대한 이야기들이 최근 소셜네트워크서비스(SNS) 등을 타고 순식간에 퍼지고 있다. 인스타그램에 '돈쭐 해시태그(#)를 검색해 보면 우리 주변 착한 가게에 대한 정보와 방문 후기가 수없이 나오고 있다. 지역 맘카페 등에서는 '돈쭐 대상' 가게 목록이 활발하게 공유되고 있다.

공정과 정의를 중시하는 MZ세대

코로나19 팬데믹 시대에 달라진 세태를 반영해 새로 등장한 용어가 많다. 그중 하나가 '돈쭐'이다. 돈을 융통하는 '돈줄'이 아니라, '돈'과 '혼쭐'을 합친 신조어다. 엄하게 꾸짖는다는 '혼쭐내다'란 말의 의미가 '옳거나 좋은 일을 해서 귀감이 되는 소상공인의 물건을 팔아 줘 돕자'는 뜻으로 변형돼 사용된다.

"저 가게 사장님 정말 착한데, 아주 그냥 돈쭐을 내 줍시다." 이러한 돈쭐 행렬은 소비자의 가치 소비에 대한 지지를 보여 준다는 분석이 나온다. 특히 공정과 정의를 중시하는 MZ세대의 소비 성향 중 하나라고 전문가는 말하고 있다. 이은희 인하대 소비자학과 교수는 "MZ세대 등 바람직한 사회 만들기에 관심을 가지고 있는 소비자는 돈을 쓰는 행위를 단순히 물건을 사는 정도로 인식하지 않고, 사회적 의견 표명의 수단으로 본다."라며 "'이런 사회가 됐으면 좋겠다'는 바람과 자신의 가치관을 담아 소비자의 권리를 행사하는 것"이라고 말했다[9].

원가가 더 비싸더라도 공정 무역을 통해 들여온 원두를 사용하는 카페, 판매가가 더 높아지더라도 동물실험을 시행하지 않는 원료를 사용하는 화장품 회사, 절차가 더 복잡해지더라도 탄소발생이 적은 친환경에너지를 이용하는 공장. 이러한 움직임은 결국 고객의 가치관에 시장이 반응하고 있는 것이다.

'투명한 세상, 소비자를 속일 수 없다'

　소비자의 돈쭐 문화와 정반대로 적극적인 불매운동도 활발해지고 있다. '소비자 주권 시대'라는 말이 구호가 아닌 실제가 된 것이다. 일본산 제품 불매운동인 '노 재팬(No Japan)'의 타깃이 된 유니클로는 소비자의 집중 포화를 견뎠지만, 매출은 반토막 났고 매장 20여 곳이 문을 닫았다. 2019년 7월 "한국의 불매운동이 오래가지 않을 것"이라고 한 유니클로 일본 본사 임원의 발언이 반일(反日) 감정에 기름을 부었다. 결국 유니클로 국내 운영사인 에프알엘(FRL) 코리아의 2020년 매출은 2019년에 비해 41% 감소했다.

　한앤코에 매각된 남양유업은 소비자가 제품뿐 아니라 마케팅 및 납품 과정까지 들여다본다는 값비싼 교훈을 얻었다. 남양유업은 2013년 '대리점 갑질 사태'로 한 차례 불매운동을 겪었다. 2021년 7월에는 불가리스 제품이 코로나19를 77.8% 저감하는 효과를 확인했다고 주장해 주가가 뛰고 불가리스 판매량이 급증했지만, 해당 연구가 임상시험이나 동물시험을 거치지 않은 것으로 밝혀지면서 또다시 불매운동의 타깃이 됐다. 소비자들은 온라인 커뮤니티에서 '(소비자를 기만하면) 기업은 반드시 망한다는 표본으로 삼아야 한다'고 목소리를 높였다.[10]

행동하는 소비자

"모든 사람을 잠시 속일 수 있고, 몇몇 사람을 영원히 속일 수는 있다. 하지만 모든 사람을 영원히 속일 수는 없다." 에이브러햄 링컨이 이 말을 했던 시대보다 훨씬 투명한 시대를 우리는 살아가고 있다. 소비자에게는 막강한 칼이 주어져 있다. 좋은 기업을 흥하게 할 수도 있고, 그렇지 않은 기업을 망하게 할 수도 있다. 중요한 것은 우리가 얼마나 그 칼을 '잘' 사용하는가이다.

최근 소비 행위를 통해 자신의 신념을 표현하는 '미닝아웃(Meaning Out)'과 '가치 소비'가 MZ세대(밀레니얼+Z세대) 소비 트렌드로 자리 잡고 있다. 내가 사고, 먹고, 입고, 신는 것들이 나의 가치관을 드러내는 방법이 되고 있는 것이다. 세계적으로 점점 심각해지고 있는 이상 기후 현상을 걱정만 하는 것이 아니라, 그 근본문제인 육류 소비를 줄이는 방안으로 우리는 '대체육'(代替肉)을 선택할 수 있다. 갈수록 심각해지는 플라스틱 쓰레기 문제를 줄이기 위해 친환경 빨대를 사용하는 가게, 다회용기를 사용하는 기업을 이용할 수 있다. 기울기가 더 심해지는 국가간 무역불공정에 대응하기 위해 공정무역을 통해 수입된 원두를 사용하는 카페를 이용할 수도 있다. 요즘 핫이슈인 ESG(환경(Environmental), 사회(Social), 지배 구조(Governance)의 앞글자를 딴 약자로, 기업이 좋은 일을 해야 한다는 당위성을 의미)에 투자를 아끼지 않는 기업의 주식을 매수하여 소액주주가 될 수도 있다. 중요한 것은 선택이며, 실천이다. 그리고 그런 선택들이 드러나고, 공유되고, 커다란 사회운동이 되는 것이다.

소비자들의 행동이 결국 기업을 바꿀 수 있다. 지금보다 좀 더 나은 세상을 만들 수 있다. 바로 우리들의 '소비'를 통해서.

04 | 더 나아가 멋진 '공급자'가 되자

소비자와 공급자가 연결되어 있는 시대.
나는 어떤 가치를 세상에 내어놓을 수 있을까?

N차 신상

책 앞 장에 남겨진 메모

개인적으로 책을 사고, 밑줄 그어 가며 읽는 것을 좋아한다. 아마 이 책을 읽고 있는 독자도 마찬가지일 것이다(성인 10명 중 4명이 1년에 책을 한 권도 읽지 않는 대한민국의 현실 속에서 이 책을 사서 읽고 계신 것을 보면)[11]. 그런 내가 흥분하는 곳이 있으니, 바로 알라딘 중고서적이다. 이곳은 기존의 중고서점과는 완전 달랐다. 내가 원하는 책을 인터넷에서 미리 확인해 보고 갈 수도 있고, 현장에서 분야별로/저자별로 잘 정리된 책들을 골라서 살 수도 있다. 중고서적을 살 때 가끔 맨 앞 장에 써진 메모를 만나면 기분이 묘해지곤 한다. 연인으로 짐작되는 이가 남긴 글도, 선배가 후배에게 남긴 글도, 아빠가 사회생활 시작하는 딸에게 남긴 글도... 궁금증을 유발하는 문장이 되어 나의 상상력을 자극했다. 새 책에서는 결코 만날 수 없는 독특한 재미.

당근하세요?

최근 중고거래는 '아나바다 운동'(아껴 쓰고 나눠 쓰고 바꿔 쓰고 다시 쓴다)으로 대표되는 이전의 중고거래와는 질적으로 다르다. 단순히 '남이 쓰던 상품'이 아니라, 몇 번째 받아 쓰더라도 새것에 버금가는 가치를 가지고 있는 중고품은 이제 '신상품'과 다름없어졌다. 이러한 현상을 'N차 신상'이라 부른다. 여러 차례(N차) 거래되더라도 '신상품'과 다름없이 받아들여지는 트렌드를 표현한 것이다[12].

다른 사람들이 사용하던 물건을 '중고물품'이라 칭하고, 사용하기를 꺼려했던 기성세대와는 달리 MZ세대는 신상품도 구매하는 순간 중고가 되어 버린다는 인식을 가지고 있어 신상에 집착하지 않는 모습을 보여 준다. 타인이 앞서 사용했던 중고 제품도 합리적인 가격이라면 흔쾌히 구매하고 소비하는 것이다. 그런 다음 본인의 필요가 다했다고 판단되었을 때 다시 필요한 누군가에게 되파는 선택을 한다. 기존에도 이런 거래가 있긴 했지만 무료소식지나 인터넷 카페 등을 통해 이용할 수밖에 없었다. 하지만 지금은 LBS(Location Based Service 위치 기반 서비스)를 활용하여 이런 거래가 가능한 스마트폰 앱들이 등장하며 많은 변화를 가져왔다. 2021년 7월 기준. 가입자 수 2,100만 명. 1인당 월평균 62회 방문. 창업 5년만에 기업가치 3조 원 '유니콘 기업'으로 우뚝선 당근마켓이 대표적이라고 할 수 있다[13].

미니멀라이프는 현대인들이 추구하는 삶의 방식이 되어 가고 있다. 그런 삶을 살아가기 위해 우리는 버리고, 정리하는 삶을 살아야 한다. 나아가 내어놓는 삶을 살아야 하는 것이다. 기존에는 버릴 수밖에 없는, 나눌 수 있는 방법을 알지 못해 집안 구석구석 쌓아둘 수밖에 없었던 물건들을 N차 신상으로 내어놓을 수 있는 플랫폼이 생긴 것이다.
"혹시 당근이세요?" "네 당근입니다."

어색한 인사를 주고받은 이들 중 하나가 조심스레 쇼핑백 하나를 건넨다. 이제는 지하철역 출구, 아파트 정문, 동네 공원 등 주변에서 쉽게 찾아볼 수 있는 모습이 됐다. 자, 그 쇼핑백 안에 나에게는 필요가 다했지만, 그 누군가에게 필요할 물건을 담아 건네 보자.

N잡러의 시대

직장인 두 명 중 한 명 '나는 N잡러'

2021년 5월 11일 지식공유 플랫폼 해피칼리지는 직장인 1,020명을 대상으로 진행한 '직장인 N잡러'에 대한 설문조사 결과를 발표했다. 이에 따르면 '2개 이상의 직업이 있는 N잡러인가'를 묻는 질문에 절반에 가까운 49.2%가 N잡러라고 답했다. 또 전체 응답자의 94.3%가 '향후 N잡러가 더 늘어날 것 같다'고 답했다. 현재 하고 있는 본업 외 직업(복수 응답)으로는 '재능공유 등 비대면 아르바이트'(34.4%)가 가장 많았다. 이어 '인플루언서 활동'(28.6%), '서비스직 등 출근형 아르바이트'(24.5%), '강의·출판'(20.7%), '쇼핑몰 등 온라인 사업'(15.3%), '가게 등 오프라인 사업'(11.9%), '배달 등 O2O 플랫폼 아르바이트'(7.5%) 순이었다. 또한 더 나아가 현재 N잡러가 아닌 이들도 80.3%가 N잡러가 될 의향이 있다고 답했다[14]. 한 가지 일만 잘하는 시대, 직장 한 곳에서 정년퇴직을 맞을 때까지 열심히 최선을 다하던 시대는 이미 과거가 되었다. 다양한 재능과 경험을 토대로 세상에 이로움을 나누어 줄 수 있는 시대가 된 것이다.

예전에는 내가 가지고 있는 지식과 경험, 노하우를 거래할 수가 없었다. 하지만 지금은 다양한 플랫폼을 통해 거래가 가능한 시대가 되었다. 숨고(soomgo.com), 크몽(kmong.com), 탈잉(taling.me) 등 다양한 재능 거래 플랫폼이 등장하면서 비즈니스 현실에서 막연하게 소비자 역할 외에는 할 수 없었던 대다수 개인들이 본인의 재능을 제공하는 공급자 역할을 할 수 있게 된 것이다. 그 분야도 실로 다양하다. 비즈니스 컨설팅, 디자인, 프로그래밍, 영상/음향/사진 편집 등 전문적인 분야뿐 아니라 뷰티, 헬스, 외국어, 공예, 그림 그리기 등 다양한 취미/관심분야에 대해서도 자신의 서비스를 제공할 수 있다. 가격, 서비스 유형 등도 본인이 정할 수 있으며 횟수, 제공방법 등도 협의해서 결정할 수 있다. 이러한 플랫폼 앞에서 우리는 스스로에게 질문해 보아야 한다. 나는 무엇을 공급할 수 있을까?

소비의 시대, 공급과잉으로 인해 품질 좋은 제품이 넘쳐 나는 풍요의 시대를 우리는 살아가고 있다. 모든 물건과 서비스에는 가격표가 붙어 있다. 하지만 결국 개개인이 생각하는 값어치는 다를 수 있고, 이에 관한 개인의 생각이 모여 '가치관'이 될 것이다. 소비가 주는 '행복'을 선택할 수 있는 '지혜'로운 소비자가 되었으면 좋겠다. 더 나아가 멋진 '공급자'를 꿈꾸는 우리가 되었으면 좋겠다. 그런 사람들이 많아지는 세상. 지금보다 더 나은 세상이 되지 않을까?

3 Chapter
후회하는 인간

최영조
삼일제약 팀장

"

살아가면서 후회라는 감정이 들어올 때면,
주체할 수 없을 정도로 화가 나기도 한다. 과거로 다시 돌아가고 싶기도 하고,
'만약에 그때 이런 선택을 했다면...' 하고 상상하기도 한다.
해도 후회하고 하지 않아도 후회하는 우리들에게 후회를 줄이는 방법을 제시한다.
그럼에도 후회를 하게 된다면,
우리는 그 후회를 걸림돌이 아니라 미래를 위한 양분으로 삼아야 한다.

"

01 | 어떻게 하면 후회 없는 선택을 할 수 있을까?

우리는 살아가면서 수많은 대안들 중에서 하나를 선택해야만 한다

'좀 더 기다렸어야 했는데...'

나는 개미다. 뉴스나 차트 정보에만 의지하고 있는 개미 투자자이다. 소액으로 주식 투자를 한 지는 13년이 되었다. 지난 13년간 주식 수익률은 아마 -10% 정도는 된 것 같다. 그럼에도 나는 왜 아직도 주식을 하고 있을까? 지금은 시행착오 중이고, 곧 수익이 날 것이라는 기대가 있기 때문일까? 아니면, 주식이나 코인을 통해서 재테크에 성공한 사람들과 같이 되고 싶다는 욕구가 있어서일까? 기업의 가치도 보면서 투자하고 있지만, 빠른 수익을 내고 싶어 하는 개인 투자자이기에 많은 종목을 매매하였다. 비록 -10%의 수익률이지만, 모든 종목에서 손실을 본 것은 아니다.

지난 3년간(2017년-2019년) 2,000대 초중반이던 코스피 지수는 코로나19로 인해 2020년 3월에 1,500포인트 정도로 곤두박질쳤다. 그러나 바로 2,000선을 회복하더니, 2021년에는 3,000포인트를 돌파했다. 그 흐름에 나도 어느 정도 수익률을 낸 종목이 있었다. 그 종목을 매수하고 한 달이나 지났을까? 드디어 그 종목에 거래량이 몰리면서, 상한가를 기록했다. 나의 목표 수익은 20%이었기에 25% 정도 거래가 한참일 때, 과감히 매도를 하였다. 문제는 그다음이었다. 그날 상한가를 찍더니, 그다음 날에도 상한가를 찍은 것이다! 그리고 그 주식은 6개월이 지난 지금에도 그 금액을 유지하

고 있다. 25%라는 수익률은 분명히 너무 기쁜 일이고, 목표를 이룬 것이었다. 하지만, 하루만 더 참았다면, 50%의 수익률을 가져갈 수 있었다는 것에 나는 전혀 행복하지 않았다. '좀만 더 기다렸다면...'이라는 생각을 떨쳐내기가 어려웠다.

잘 한 것일까?

결혼 후 처음으로 이사를 했다. 16년 만의 이사다. 딸, 아들을 포함한 우리 4식구가 살기엔 옥탑방 포함해서 방 3개에 화장실 1개인 이 집에 대해서 나는 만족해하며 살고 있었다. 하지만, 사춘기 소녀가 된 큰 아이가 화장실 1개인 집이 너무 불편하다고 아침마다 짜증을 냈고, 결국 2020년 말 가족회의를 통해 이사를 결정했다. 문제는 그 사이 집값이 너무 올라 버렸다는 것이다! 지금 있는 집의 전세 자금과 서울 변두리에 있는 57m^{2}짜리 아파트를 매도할 금액, 거기에 대출을 받더라도, 근처 화장실 2개 딸린 아파트로 이사 가기엔 역부족이었다. 결정을 해야 했다. 서울 변두리나 경기도의 넓은 평수의 아파트를 구입해서 이사를 갈 것인가? 우리 부부의 직장과 아이들 학교와 가까운 곳에 빌라 전세로 이사를 할 것인가? 결국 직장과 전학의 요소를 고려하여 서울 변두리에 있는 아파트를 팔아서 서울 강남권의 빌라 전세로 이사하기로 결정했다. 그리고 모든 일들을 계획대로 진행하였다.

이사를 마치고 이제 5개월이 지났다. 서울의 아파트 값은 계속해서 천정부지로 치솟고 있었다. 작년 매매할 때만해도 아파트 값이 매수한 금액보다 어느 정도 오르기는 했지만, 지금은 그 보다 훨씬 더 올랐다. 가지고 있는 아파트를 매도한 것은 바보 같은 일이었나? 남들처럼 영끌('영혼까지 끌어모으다'를 줄여 부르는 신조어)이라도 해서 아파트를 매수했어야 했나? 후회하고 싶지 않지만, 오르고 있는 아파트를 갖고 있는 남들이 부러우면서, 불안감이 엄습해 온다. '잘 한 것일까?'

도대체 무엇을 사야 하는 거야?

이사를 하고 나니, 이것저것 구매할 것이 많았다. 오프라인 매장을 비롯한 다양한 이커머스 쇼핑몰과 중고매매 사이트를 돌아다니며, TV, 에어컨, 식기세척기 등 가전제품과 소파, 수납장, 거실장 등 가구, 소소한 인테리어 소품들을 구매해야 했다. 가장 마음에 드는 제품을 가장 저렴하게 사야 한다는 의지를 가지고 여러 제품들을 비교해 본다. 전엔 이렇게까지 다양한 제품들이 있는지 몰랐는데, 너무 많은 선택지들이 있었다. '도대체 무엇을 사야 하는 거야?'

딱 맞는 디자인을 골랐다고 생각했는데, 또 다른 디자인이 나오고, 적절하다 싶어서 드디어 선택하려는데, 갑자기 스마트폰 알람이 울리면서, 더 마음에 드는 제품이 올라온다. '언제까지 기다려야 하는 걸까?' 이제 그만 알아볼 때가 되었는데, 검색하는 것을 멈추기가 어렵다. 어느 날 러그가 필요하다는 의견이 나오면, 아내는 1박 2일 내내 스마트폰으로 검색하고 나서도 결정을 못 한 채, 장바구니에 관심 품목만 쌓여 가고 있었다.

예전에는 이렇게 물건 고르기가 어렵지 않았다. 예를 들어, 1990년대만 해도 집 전화 하나만 있으면 되었기에 전화기 정도만 고르면, 추가로 선택할 것이 별로 없었다. 하지만 지금은 스마트폰 하나를 구입하려고 해도 수많은 선택을 해야 한다. 스마트폰 종류, 통신사, 개통 방식, 요금제, 부가서비스 등을 선택해야 한다. 고르는 기쁨도 있지만, 어쩌면 선택지가 한 가지일 때가 오히려 편할 수 있다. 그만큼 후회할 일은 없을 테니까.

우리는 이 시대에 살면서, 수많은 대안들 중에 하나를 선택해야만 한다. 학교 진학에 대한 선택, 학교의 선택, 전공의 선택, 직업의 선택, 애인의 선택, 치료기관에 대한 선택, 심지어 가치관의 선택까지, 삶의 모든 문제가 선택의 문제이고 결정한 것에 만족하지 못한다면 후회할 수밖에 없다. 대학생 484명을 대상으로 '전공 선택을 후회한 적이 있습니까?'라는 설문조사를 시행한 결과, 72.7%가 '후회한 적 있다'고[1] 꽤 많은 학생들이 후회한다고 응답했다.

우리는 선택에 대해 후회나 만족을 한다. 또는 해도 후회, 안 해도 후회할 것 같은 생각을 한다. 어떻게 해야 수많은 선택의 순간에 후회 없는 선택을 할 수 있을까?

02 | '한' 것에 대한 후회

후회 확률을 줄이기 위해서, 아무것도 하지 않는 것이 후회하지 않는 방법이 될 수 있다

후회 확률 줄이기

　후회하지 않기 위해서는 후회할 수 있는 확률을 줄여야 한다. 만약에 당신이 100만 원을 받아야 하는 상황에 있다고 상상해 보자. 100만 원을 줘야 하는 사람이 이런 제안을 한다. '그냥 100만 원 받으실래요? 아니면, 동전에 운을 걸어 보실래요? 동전을 던져서 앞면이 나오면 2배인 200만 원을 받으실 수 있습니다. 대신 뒷면이 나오면 받으실 금액은 0원입니다.'라고 하면, 당신은 어떤 선택을 하겠는가? 사람의 성향에 따라 차이는 있겠지만, 대게 일반적인 사람들은 확실한 방법을 선택한다. 즉 위험이 없는 확실한 100만 원을 선택한다. 이를 '후회 혐오'(Regret Aversion)[2]라 한다. 우리는 대부분 후회를 피하려는 심리가 있다. 즉 두 가지 제안 중에, 동전을 던지는 위험한 제안을 선택한다면 후회할 확률, 즉 앞면이 나올 확률은 50%이다. 반면에 무조건 100만 원을 받기로 한다면, 후회할 일이 전혀 없다. 그래서 대부분 확실한 100만 원을 선택한다. 우리는 후회하는 것을 두려워한다. 특히 명확하지 않은 미래에 대해 두려워하는데, 그 두려움은 우리가 아무것도 선택하지 못하도록 한다.

'한' 것에 대한 후회

다음 이야기 중 어떤 사람이 더 후회하게 될까?

김 씨는 주식 A를 100만 원 보유하고 있고, 박 씨는 주식 B를 100만 원만큼 가지고 있었다. 김 씨는 주식 A를 B로 바꿀까 고민을 하다가 결국 B로 바꾸지 않았다. 같은 순간, 박 씨는 주식 B를 A로 바꿀까 고민을 하다가 A로 바꿨다.

김 씨: 주식 A 보유 → (주식 B로 변경할까 고민) → 주식 A 보유 유지
박 씨: 주식 B 보유 → (주식 A로 변경할까 고민) → 주식 A로 변경 결정

1주일 뒤, 주식 A는 5% 올라서 5만 원의 수익이 생긴 반면에, 주식 B는 50%가 올라서, 김 씨나 박 씨가 주식 B를 가지고 있었다면 50만 원의 수익을 얻을 수 있었다. 주식 B의 수익률이 훨씬 좋았기 때문에 김 씨나 박 씨는 모두 1주일 전 선택의 순간에 대해 후회할 것이다. 김 씨는 '하지 않은' 것을 후회를 할 것이고, 박 씨는 '한' 것을 후회할 것이다. 그렇다면 둘 중에 누가 더 후회하게 될까? B주식을 가지고 있다가 A주식으로 변경한 박 씨가 더 기분 나쁠 것이다. 5% 수익률에 대한 만족감으로 위로할 수도 있겠지만, 만족감과 후회감은 상대적으로 작용하기 때문에 50% 수익률에 대한 결과를 보고 있노라면, 5%의 수익률에 만족하기는 쉽지 않다. 만약에 김 씨가 고민 끝에 주식 B로 변경해서 50%의 수익률을 냈고, 그 사실을 박 씨가 알았다면, 박씨는 5% 수익률에 대한 만족감은 전혀 느낄 수 없고, 엄청난 후회를 하고 있을 것이다. 게다가 둘이 아는 사이라면 스스로에 대한 후회를 넘어 김 씨를 시기하고 질투하는 마음이 들 것이다.

여기서 재미있는 사실은 김 씨는 무언가를 '하지 않은' 것을 후회하고, 박 씨는 무언가를 '한' 것을 후회한다는 사실이다. 우리도 무언가를 '한' 것을 후회하기도 하고, '하지 않은' 것을 후회하기도 한다. 박 씨가 더 후회감이 클 것으로 보인 것처럼, 하지 않을 때, 더 결과가 좋은 경우, '한' 것을 더 많이 후회하게 된다. '가만히 있으면, 중간은 간다'라는 말이 있는 것처럼 아무것도 하지 않는다면, 후회의 확률을 줄일 수 있다. 따라서 후회하지 않는 방법은 특별한 행동을 하지 않는 것이다.

지금이라도 사야 하는 걸까?

이사를 하면서 여러 가구를 구매해야 했다. 그중에 식탁은 온라인으로 보는 것에 한계가 있어서 우리 부부는 매장을 돌아다니기 시작하였다. 첫 매장에서 마음에 드는 대리석 식탁을 보았다. 오늘까지 50% 할인! 자극적인 문구가 들어왔지만, 여전히 비싼 가격이었다. 다른 제품을 하나도 본 상황이 아니기에 비교할 대상이 없었다.

"오늘까지만 파격 세일합니다. 다른 곳은 가실 필요도 없어요."
"너무 마음에 드는데, 첫 번째 들른 곳이라... 좀 더 보고 올게요."
"고객님, 꼭 오늘 다시 오셔야 할인받으실 수 있어요. 오늘까지입니다."

더 좋은 선택지가 있을 수 있다는 생각을 가지고 다른 가구점으로 이동했다. 1주일간이나 검색을 마치고 난 결론은, 처음 본 그 식탁이 최고였다는 것이었다. 단, 50% 할인이 유지되고 있다면 말이다. 그렇다면 첫 매장에서 봤던 식탁으로 선택하고 싶었다. 하지만 다시 찾아가서 보니, 이제 30%만 할인을 한다고 한다.

당신이라면 어떤 선택을 할 것인가? 그럼에도 좋은 선택지이기에 30% 할인된 가격으로 살 것인가? 아니면 사지 않을 것인가? 많은 사람들은 '사지 않겠다'고 한다. 왜냐하면 그것을 사는 순간 '아! 그때 샀어야 했는데...'라는 후회가 그 가구를 볼 때마다 생각나기 때문이다. 이것을 전문 용어로 '비행동 불활성'(Inaction Inertia)이라고 한다[3]. 즉 후회를 하지 않기 위해서 아무런 행동을 하지 않게 되는 것이다. 우리 부부 또한 결국 그 대리석 식탁을 구매하지 못했다.

이런 경우는 주식을 매수할 때도 나타난다. 어떤 종목을 3,000원까지 떨어지면 매수하려고 계획했다. 마침 3,050원까지 떨어졌을 때 '지금 살까?, 아니면 목표 매수가인 3,000원까지 기다릴까?' 목표 매수가에 맞춰서 조금만 기다리기로 결정하였는데, 더 이상 떨어지지 않고 계속 상승하였다. 현재 금액이 3,200원이라면, 당신은 그 주식을 현재가로 매수할 수 있을까? 일반적으로 그것을 사지 않고, 다른 종목을 검색한다. 왜냐하면 3,200원에 매수하는 순간, 3,050원에 매수하지 못한 것을 안타까워하고, 그만큼 만족감이 떨어지기 때문이다.

따라서 아무것도 안 하는 것이 후회하지 않는 방법이 될 수 있다. 그리고, 아무것도 안 한 것에 대해서 만족할 줄 알아야 한다. 만약 아무것도 안 한 것에 만족하지 않는다면, 그것은 이미 후회하고 있다는 것을 의미하기 때문이다.

03 | '하지 않은' 것에 대한 후회

죽기 전에 후회하는 것은 대부분 어떤 것을 하지 않은 것이다

의무적 자아와 이성적 자아에 대한 후회

후회하기 싫다면, 최대한 아무 선택을 안 하는 것이 하나의 방법일 수 있다. 하지만, 일상생활을 해야 하는 우리들에겐 매 순간이 선택의 순간이기에 최대한 선택하지 않는 방법은 현실적이지 않다. 일상생활을 해내야 한다는 것은 우리에게 사회적으로 어떤 의무가 주어진다는 의미이다. 나에게 기대한 어떤 일을 잘 해내야 한다는 책임감이 있기 때문에, 더더욱 최대한 선택하지 않는다는 것은 불가능에 가깝다. 수많은 역할을 잘 수행하기 위해서는 어떠한 선택이든 해야 한다.

히긴스(Higgins)의 자기 불일치 이론(Self-Discrepancy Theory)에 의하면, 사람은 의무적 자아(Ought Self)와 이상적 자아(Ideal Self)와 실제 자아(Actual Self)로 나눌 수 있다고 한다[4]. 우리는 주위 사람들이나 자신으로부터 기대하는 역할에 대해서 의무와 책임을 부여받는다. 자녀로서 부모님을 공경해야 하고, 학생으로서 공부를 열심히 해야 하고, 직장인으로서 주어진 업무를 잘 수행해야 하고, 부모로서 자녀를 양육해야 한다. 즉 각각의 역할에 자신을 맞추어 가야 한다고 여기면서 살아가는 자아를 '의무적 자아'라고 한다. 반면에 우리는 주어진 역할과는 상관없이 우리가 원하는 것을 하면서 살아가기도 한다. 내가 설정한 목표와 내가 원하는 것을 모두 충

족시키면서, 스스로 그것을 이루기를 바라는 모습을 '이상적 자아'라고 한다. 그리고 현재 처한 환경을 감안하여 스스로 인식하고 있는 나의 모습을 '실제 자아'라고 한다. 이러한 자아들이 큰 차이가 없다면, 더할 나위 없이 행복하겠지만, 현실은 그렇지 않은 경우가 많다. 실제 자아와 의무적 자아의 차이가 크다면 심한 부담감과 불안감을 느낄 것이고, 실제 자아와 이상적 자아의 차이가 크다면 좌절감과 무력감과 같은 우울한 감정을 느낄 것이다.

우리는 의무적 자아와 이상적 자아의 균형을 갖는 것이 중요하다. 나에게 주어진 역할도 잘 수행하면서, 내가 원하는 것들도 하나씩 이뤄 나가는 것이다. 이러한 균형이 깨질 때 소홀하게 여긴 자아에 대해서 후회를 경험하게 된다. 의무적 자아는 잘 성장했지만 이상적 자아가 억눌렸다면 '내가 원하는 것을 좀 더 했어야 했는데...' 하고 후회할 수 있고, 이상적 자아는 잘 발현됐지만 의무적 자아가 잘 작동하지 않았다면 '나에게 주어진 일을 좀 더 열심히 할 걸...' 하고 후회할 수 있다.

이러한 의무적 자아에 대한 후회와 이상적 자아에 대한 후회에 대한 흥미로운 연구가 있어서 소개하고자 한다[5]. 미국 코넬대학교 사회심리학자인 토머스 길로비치 교수는 이러한 두 가지 후회 중 어떤 후회를 더 많이 경험하는가에 대해서 연구하였다. 연구에 따르면, 사람들은 의무적인 자아보다 이상적인 자아에 대한 후회를 더 많이 경험했다고 한다. 즉 해야 하는 일을 못 한 것에 대해서 후회한다고 답한 응답자는 28%, 하고 싶은 일을 못 한 것에 대해서 후회한다고 답한 응답자는 72%나 되었다. 우리는 대부분 의무적 자아가 한 일보다 이상적 자아가 하지 못한 일에 대해서 더 많이 후회하고 있다는 것을 알 수 있다.

인생에서 가장 후회되는 일은?

　호스피스 전문의인 오츠 슈이츠가 집필한 「죽을 때 후회하는 스물다섯 가지」에서 소개한 스물다섯 가지의 후회를 분석해 보면, '나쁜 짓을 한 것', '감정에 휘둘린 것', '죽도록 일만 한 것', '담배를 피운 것'을 제외하고는 모두 하지 않은 일에 대한 후회로,[6] 스물다섯 가지 중에 84%에 해당하는 스물한 가지가 '하지 않은 일에 대한 후회'였다.

　사회심리학자 길로비치가 빅토리아 메드벡 교수와 함께 연구한 논문에서는 후회하는 것을 짧은 시간을 두고 후회하는 일과 긴 시간을 두고 후회하는 일에 차이가 있음을 말해 주고 있다.[7] '지난 6개월 동안에 가장 후회되는 일이 무엇입니까'라고 질문했을 때와, '인생에서 가장 후회되는 일이 무엇입니까'라고 질문했을 때의 답변에 차이가 있다는 것이다. 지난 6개월에 대한 후회를 물어봤을 때 대부분은 기대에 미치지 못한 '행동'들을 언급했고, 인생 전반을 돌아볼 때의 후회는 '행동하지 않은 것'을 언급했다. 즉 단기적으로는 '그 때 그 말을 하지 말았어야 했다', '그걸 사지 말았어야 했다'와 같은 후회를 많이 하는 반면에, 장기적으로는 '그 때 솔직하게 이야기할 걸…', '사랑하는 사람과 더 많은 시간을 보낼 걸…'과 같은 하지 않은 일에 대해서 후회를 더 많이 한다고 한다.

나에게도 동일하게 질문을 한다면, 최근에 가장 후회되는 일은 '아파트를 매도한 일'이거나 'A주식을 너무 빨리 매도한 일'이지만, 인생을 돌아보면 그런 것들은 너무 하찮은 일이 되어 버리고, 오히려 '가족과 함께 많은 시간을 보내지 못한 것', '대학생 때, 여행을 많이 다니지 않았던 것', '외국어 공부를 열심히 하지 않았던 것'과 같이 '하지 않은' 일에 대해서 더 후회하고 있다. 죽음을 기다리는 미래의 모습을 상상해 보자. 산소 호흡기를 낀 채 병원에 누워 있는 미래의 내가 현재의 나에게 한마디 한다면, 무슨 말을 할 것 같은가. '너무 끌려다니지 마!' '네가 원하는 것을 해 봐!' '잠시 멈추고, 떠나도 괜찮아!'라고 외치는 모습이 그려진다. 우리는 죽기 직전에 어떤 후회를 하고 있을까?

인생에서 후회하지 않기 위해서는 지금 무언가를 '하라'는 의미이며, 후회를 회피하기 위해서 아무것도 하지 않는 것은 매우 어리석은 일이라는 것을 알 수 있다. 위의 연구를 했던 길로비치 교수는 "영감은 기다리면 나타나는 것이 아니라, 행동을 한 후에야 얻을 수 있는 것"이라고 했다.

04 | 후회를 줄이는 4단계 과정

후회하지 않고 싶다면,
후회를 줄이는 4단계 과정을 밟아라

후회하지 않기 위해서 어떤 행동도 하지 않는 게 방법이 될 수도 있지만, 인생에서 후회를 적게 하기 위해서는 어떠한 선택을 하고 실행에 옮겨야 한다. 그렇다면 우리는 어떻게 해야 후회를 최소화할 수 있을까?

첫 번째, 내가 원하는 것이 무엇인지 정확히 알아보기

호주의 한 요양원에서 말기 환자들을 돌보던 브로니 웨이가 집필한 「죽을 때 가장 후회하는 다섯 가지」(The top five regrets of the dying)에서 가장 첫 번째로 언급한 후회는 '내가 원하는 삶을 살지 못한 것'이었다[8]. 여기서 힌트를 얻자면, 내가 무엇을 원하는가를 아는 것이 후회하지 않는 방법의 첫 번째 단추라는 것이다. 우리는 초등교육부터 고등교육을 받으면서 무엇을 원했는가? 대부분 좋은 대학에 진학하기를 원했다. 대학을 가서는 취직을 위해서 열심히 공부해야 한다는 생각을 하고, 좋은 사람 만나서 결혼하고, 좋은 집을 구하고, 아이 낳고 행복하게 사는 것을 원했다. 그러나 그것이 정말 내가 원하는 것이었을까? 어쩌면 우리는 그렇게 원하라고 강요받으면서, 프로그래밍되어 있지 않았을까? 내가 원한다고 생각하는 것은 어쩌면 주변 사람들이 나에게 기대하는 것을 잘하고 싶은 것일 수 있다. 내가 죽기 전에 비로소 이 삶은 내가 원하는 삶이 아니었다는 것을 깨닫는다면 인생이 얼마나 후회스러울까.

가장 첫 번째로 스스로 질문을 던져야 하는 것은 '나는 무엇을 원하는가?'에 대한 답을 찾는 것이다. 그리고 그것이 진짜 내가 원하는 것인지 검증해 보는 방법도 필요하다.

"그것은 다른 사람이 나에게 기대하는 것이 아니라,
 진짜 '내'가 원하는 것인가?"
"그것이 사실이라는 것을 어떻게 증명할 수 있을 것인가?"

이 질문에 확실히 대답할 수 있다면, 후회하지 않을 수 있는 첫 번째 다리를 잘 건넜다고 할 수 있다. 내가 원하는 것이 꼭 다른 사람이 나에게 기대하는 것과 다르지 않을 수 있다. 좋은 식탁을 사는 것이 남들과 다르면 얼마나 다를 수 있을까? 다만 내가 중요하게 여기는 것을 점검할 필요가 있다는 것이다. 하지만 이것을 정확히 아는 것은 너무 어려운 일이다. 왜냐하면 그것은 내가 선택한 결과가 어떤 느낌일지 알아야 한다는 것을 의미하고, 즉 충분한 경험이 있어야 하기 때문이다. 그래서 다른 사람의 추천을 받게 되고, 이 추천을 받아들이는 것도 내가 선택하는 것이다. 하지만 내가 선택하는 것을 다른 사람의 추천만으로만 이루어진다면 그것은 내가 원하는 삶이 아니라 다른 사람이 원하는 삶으로만 남게 된다. 잠시 멈추고 생각해야 한다. '내가 진정 원하는 것은 무엇일까?'

그리고 그 원하는 것을 구체적으로 그려 보는 것이다. 주식을 예로 든다면 10%의 수익률과 같은 구체적인 목표를 세우는 것이다. 그리고 그 이상의 추가 이익에 대해서는 내가 원하는 범주 안에 설정하지 않는 것이다. 만약 그 주식이 20%가 되고, 30%의 수익률이 났을지라도 내가 원하는 것을 이룬 것에 대해서 만족해야 한다. 그 만족감을 가지고 또 다른 목표를 빠르게 세워서 아쉬움이 후회로 바뀌기 전에 다른 목표에 집중해야 한다.

두 번째, 원하는 것을 최대한 많이 탐색하기

후회하지 않는 선택을 하기 위해서는 최대한 많은 대안을 탐색해야 한다. 왜냐하면 선택하고 난 뒤에 더 좋은 대안이 나오는 순간, 후회가 밀려오기 때문이다. 따라서 내가 기억하는 감정과 나의 경험, 지인들의 경험, 관련 전문가의 추천, 그리고 인터넷 검색 등을 통해 대안을 탐색해야 한다. 그 안에서 최대한 좋은 선택을 하는 것이 후회를 적게 할 수 있는 방법이다. 그런데 그 대안들이 너무 많다. 많아도 너무 많다. 그래서 사용하는 것이 필터링(Filtering)이다. 조건을 설정해야 내가 선택할 수 있는 범위 안에서 선택할 수 있는 것이다. 이것이 바로 '내가 원하는 것을 아는 것'이다. 내가 원하는 것이 무엇인지 알게 되면 더욱 자세한 조건들을 설정할 수 있고, 그 대안들은 많이 줄어들기 때문에 선택이 한결 수월해진다.

이사를 위해 집을 알아봐야 한다면 살고 싶은 지역은 어디인지, 원하는 평수는 얼마나 되는지, 가능한 금액은 얼마인지, 방은 몇 개가 있어야 하는지, 화장실의 개수, 주차 대수 등 최대한 구체적으로 내가 원하는 것을 설정하고, 탐색해야 한다. 여기서 내가 원하는 것이 내 능력과 충돌이 일어날 수도 있다. 그때는 내 능력 안에서 내가 원하는 것을 설정해야 한다. 내 능력을 벗어난 것은 다음의 선택에 고려할 수 있도록 그 선택의 순간이 오기 전까지 나의 능력을 키우는 것에 집중하면 된다. 우리 부부는 최대한 구체적으로 원하는 것을 설정하고 탐색하기 시작했다. 인터넷으로 탐색한 집과 부동산 실장님들이 추천한 집들이 대부분이었다. 실제로 방문하고 꼼꼼히 보게 된 집이 3개월 동안 총 19채였다. 처음 방문한 집은 어떤 비교 대상이 없어서 선택을 할 수 없었지만, 2번째, 3번째로 점점 집을 더 볼수록 기준들이 명확하게 세워지게 되었다. 10번째 집부터는 마음에 맞는 집을 보면, 이 집이 우리 부부가 찾는 최적의 집인지 고민하게 되었다. 살짝 머뭇거리는 동안 부동산 실장님은 빨리 결정하지 않으면 다른 분들에게 뺏긴다고 다그치고, 결국 결정을 못 하고 다른 분들에게 넘어가고 만다. 그러던 중, 19번째 집을 만나고 나서 바로 '이 집이다'라고 확신이 들었다. 이 집을 놓치면 후회할 것 같다는 생각까지 들었다. 이것이 바로 경험이다. 원하는 것이 정해졌다면, 탐색하는 것을 두려워하지 마라. 탐색할 때는 내가 원하는 것을 더욱더 구체적으로 설정하고 필터링하여 탐색하라.

그렇다면 얼마나 많이 탐색해야 할까. 대안이 하나이고 그것을 바로 선택을 한다면 만족할 확률은 100%이지만, 그것은 '지금까지 최고'의 선택일 뿐이다. '지금까지 최고'이기 때문에 첫 번째 대안을 선택한다는 것은 경솔한 방법이다. 따라서 우리는 계속해서 탐색을 한다. 배우자를 선택하는 것처럼 선택할 기회가 별로 없는 안건이라면, 최대한 긴 시간 동안 많은 대안이 될 수 있는 예비 배우자를 탐색해야겠지만, 이 또한 어느 정도 시간을 정해 두어야 한다. 최고의 배우자를 만나기 위해서 평생을 기다린다면, 그때 놓친 그 사람을 아쉬워하면서 후회하고 있을 것이다. 따라서 탐색하기에서 제일 먼저 정해야 하는 것이 내가 탐색할 수 있는 시간을 설정하는 것이다. 탐색

시간 동안 '지금까지 최고'의 대안이었던 조건을 명확하게 하는 것이다. 이 시간이 지나고 '지금까지 최고'의 대안과 비슷하거나 나은 대안이 나타나면 바로 선택을 하는 것이다. 우리 부부는 이사를 가기 위해서 집을 알아보는 시간을 2개월로 설정하였다. 그 기간 동안 '아직까지 최고'인 집을 기억하고 이 집과 비슷하거나 더 나은 집이 나타나면, 바로 결정할 준비를 하였다.

세 번째, 더 나빴을 경우를 상상하기

후회는 사람의 성향에 따라 증폭되기도 하고, 점점 사라지기도 한다. 심리학에서는 이미 일어난 사실과는 다른, 실제로 일어나지 않은 것에 대한 생각을 '반사실적 생각'이라고 부른다[9]. 즉 실제로 내가 선택하지 않은 대안들에 대한 생각들로 '만약 다른 것을 선택하였다면…' 하고 상상하는 것이다. 우리가 살면서 이런 생각을 안 하고 살기는 쉽지 않다. 너무나 자연스럽게 현실과 다른 세상을 상상하게 되고, 그러한 상상이 없었다면 인류가 이와 같이 발전하지 못했을 것이다. 하지만 이런 상상력이 때로는 우리를 후회할 수밖에 없도록 만들어 버린다.

구두를 사러 쇼핑몰에 갔다고 해 보자. 모든 구두를 봐야만 자신이 가장 좋은 구두를 찾았다고 확신할 수 있으며 모든 가격을 확인해야만 가장 좋은 가격으로 구매한다는 것을 알 수 있지만, 이것은 불가능하다. 우리가 마음에 드는 구두를 구매하는 순간, 아직 다 보지 못했다는 불안감은 반사실적 생각을 하게 한다. 즉 '만약 다른 쇼핑몰로 가서 구두를 본다면 이보다 더 좋은 구두를 발견할 수도 있을 텐데…', 또는 '만약 한 달 뒤에 방문한다면 더 좋은 구두를 구매할 수도 있을 텐데…'라고 상상할 수 있다. 이런 상상을 하는 순간, 지금 이 구두를 구매한 것에 대한 후회감이 더욱 커지게 된다. '하루만 더 돌아다닐 걸 그랬나?', '좀 더 많은 구두를 봤어야 했는데…'라고 말이다.

이러한 후회는 최선의 선택을 하기 위해 노력하는 사람들에게서 많이 나타난다. 이러한 성향을 가진 사람들은 대부분 나의 선택에 대해서 만족하지 못한다. 왜냐하면 저쪽에 더 좋은 것이 있다고 상상함으로써 후회감이 증폭되기 때문이다. 하지만 어떤 사람들은 '저쪽에 가면 계속 봤던 것들만 있을 것이 뻔해' 또는 '구두를 사기 위해서 하루를 더 쇼핑몰에 갔다면, 그날 그분을 못 만났을 거야. 그때 바로 구두를 산 건 정말 잘 한 것 같아'라고 생각한다면, 후회로의 감정으로 가지 않게 된다.

이와 같이 반사실적 생각은 두 가지로 구분할 수 있다. 더 좋은 선택지가 있다는 것을 상상하는 방법과 더 나쁜 상황이 있었을 것이라고 상상하는 방법이다. 후회를 줄이기 위해서는 더 나빴을 경우를 상상하면서, 내가 선택한 것에 만족하는 습관이 필요하다. 내가 원하는 구두에 대한 정확한 기준을 갖고 있고, 내가 설정한 시간만큼 충분히 탐색을 한 후에 구매했다면, 다른 곳에 더 좋은 구두가 있다는 상상을 하지 말라.

네 번째, 나의 선택에 만족하기

이사를 하고 식탁을 사기 위해서 쇼핑을 한 사례로 다시 돌아가서, 50%

할인이었던 식탁을 30% 할인된 가격으로 구매하게 되었다고 하자. 이런 경우는 분명히 가격 외에 편의성이나 디자인 등에 대해서 우리 부부에게 특별한 가치가 있다고 판단했기 때문에 구매를 하게 되었을 것이다. 물론 식탁에 앉을 때마다 50%일 때 구매하지 못한 것에 대한 후회가 들겠지만, 그 식탁만의 특별한 부분을 느끼고, 만족감을 가지고, 더 자주 사용하면 된다. 이런 경우는 헬스장과 같은 회원권을 구매할 때도 적용할 수 있다. 특별 할인할 때 구매하지 못하고, 조금 더 비싼 가격으로 헬스 이용권을 구매했더라도, 할인 못 받아서 돈을 낭비했다는 후회를 하기보다, 더 자주 가고, 운동을 더 열심히 해서 몸을 만들고, 그 몸을 보면서 만족해하면 된다. 오히려 할인받은 헬스 이용권을 구매하는 사람은 헬스장에 자주 나오지 않는 모습을 많이 보게 된다. 헬스장을 이용하는 목적은 남들보다 싸게 이용권을 사는 것이 아니라, 내 몸을 더 건강하고 아름답게 가꾸기 위함임을 잊지 말아야 한다. 혹여나 적당히 설정한 기준으로 충분히 알아보지 못한 상황에서 선택한 결정이라고 하더라도, 더 이상 좋은 선택은 없다고 생각하고 만족할 방법을 찾자.

우리 부부는 아파트를 팔고 전세로 이사온 것에 대해서 매우 만족해하면서 살고 있다. 물론 '벼락 거지'가 되지 않을까 덜컥 겁이 날 때도 있지만, 현재 살고 있는 집이 '우리 가족이 원하는 바로 그 집'이라는 확신을 갖고 있다. 거실 청소를 하면서도 '넓은 거실이 너무 좋다'고 하고, 화장실 청소를 하면서도 '역시 욕조가 있는 화장실이 좋구나'라고 만족하고 있고, 베란다를 꾸미고, 부부가 서로 마주보며 차 한잔 마시며 이야기를 나누는 것에도 만족감을 느끼고 있다.

05 | 철저하게 후회하기

후회를 피하지 말고,
철저하게 후회하자.
후회를 이용해서 성장해야 한다

비교는 후회로 가는 지름길

여러 가지 노력을 기울였음에도 불구하고, 때로는 그 노력이 물거품이 될 때가 있다. 아무리 내가 원하는 것을 구체적으로 설정하고, 탐색해서 최적의 대안을 선택하고, 마음을 다스리면서, 만족하고 살아도 어쩔 수 없이 우리는 후회할 수밖에 없다. 심지어 후회하기 싫어서 안전한 선택을 해도 후회가 몰려올 때가 있다. 왜냐하면, 우리에게는 우리와 비슷하게 살아가는 우리의 친구들, 이웃들이 있기 때문이다. 그들은 나와 비슷한 생각을 하고, 비슷한 고민을 하고, 비슷한 상황에 놓여 있고, 어쩔 수 없이 그들이 선택한 결과와 나의 결과를 비교하게 된다. 이것은 개인적으로 참 불행한 일이라고 생각한다.

앞의 동전을 던지는 사례를 보면, 나 혼자만의 선택, 나 혼자만의 결과만 있다면, 당연히 후회할 확률을 선택하지 않고, 100만 원을 받아야 한다. 하지만 동전을 던져서 200만 원을 받아 간 친구의 경험담을 듣고 있으면 갑자기 동전을 던지지 않았음에 후회할 수도 있다. 내가 원하는 만족스러운 가격으로 아파트를 매도했음에도 불구하고 더 많이 오른 아파트를 갖고 있는 수많은 사람들을 보게 되는 순간 후회하게 된다. 결국 우리는 어떤 선택을 하든지 무조건 후회를 하게 되어 있다. 어쩌면 처음부터 후회하지 않는 선택이란 존재하지 않았을지도 모른다.

　문제는 후회라는 감정이 들어올 때, 실천적 개선 작업으로 연결되지 못하고 후회에 빠져 사는 것이다. 후회를 많이 하는 사람일수록 더 우울하게 된다. 과거에 대한 후회 때문에 어떠한 선택도 못 한다거나 '나는 불행한 사람'이라고 감정을 소모할 수 있다.

　이런 경우는 다른 사람과 비교하지 않는 것을 추천한다. 특히 SNS를 통한 다른 사람들의 삶에 대한 정보는 나를 불행하게 할 수 있다. 왜냐하면 SNS에 올라오는 소식들은 좋은 면, 자랑하고 싶은 면만을 올리는 것이 대부분이기에 다른 사람의 최고와 나의 실제와 비교하게 되기 때문이다. 다른 사람과의 비교가 나의 삶의 만족을 떨어뜨리고, 나를 우울하게 만든다면 지금 하고 있는 SNS 활동을 끊어 보자.

　그리고 내가 어떤 선택을 했다면 그 이후의 상황을 확인하지 않는 것을 추천한다. 나의 경우에는 작년에 매도한 아파트값이 현재까지 얼마 올랐는지 모른다. 전체적인 아파트값 상승에 대한 뉴스와 주변 아파트 시세만 확인했을 뿐, 정작 내가 매도한 아파트 값은 현재 얼마인지 확인하지 않았다. 그 금액을 보는 순간 현재 후회하는 감정보다 훨씬 큰 후회가 나에게 다가올 것이 뻔하기 때문이다.

후회하지 않으려면 후회를 선택하라

우리는 해도 후회하고, 안 해도 후회한다. 우리에게 후회 없는 삶은 없을 것이다. 그렇다면 후회를 바라보는 우리의 시각을 바꿔야 할 필요가 있다. 후회를 '하기 싫은 것, 두려운 것'이라는 부정적인 시각에서 '미래를 준비하는 것, 완전해지는 과정'이라는 긍정적인 시각으로 바꾸는 것이다. 후회를 한다고 해서 과거를 바꿀 수는 없기 때문이다. 하지만 우리는 그 후회를 이용해서 미래는 바꿀 수 있다.

그렇지만 만약에 후회가 내 감정을 심각하게 훼손한다면, 어떻게 하면 현재에 만족하며 살 수 있을까를 고민하는 것이 낫다. 나만의 특별한 인생을 인정하고 다른 사람과의 비교를 그만하자. 그리고 더 나아졌을 것 같은 상상도 그만하고 현재의 상황에서 감사할 거리를 찾아보자. 후회라는 것에 감정이 소모되어 우울하게 된다면 그것은 전혀 나에게 도움을 주지 못한다. 그러나 내가 가진 기대치를 낮추고 자족하는 삶은 우리에게 만족감을 준다.

내 삶의 모토는 '어제의 나보다 더 나은 오늘을 기대한다'이다. 다른 사람과 비교하면서 우울해하거나 우월감을 느끼는 것보다 과거의 나와 비교하는 것이 훨씬 건강하다. 과거로 돌아갈 수는 없기 때문에 미래의 나에게 물어본다. 항상 돌아오는 답변은 '어떤 선택이든 너에게 도움이 될 거야. 자신감을 가져!'이다.

오히려 정말 심각한 문제는 전혀 후회하지 않는 선택을 했다고 믿는 것이다. 인간이 성장하고 발전할 수 있는 것은 후회를 하기 때문이다. 후회는 과거지향적인 단어이지만, 후회를 잘 활용하면 미래를 바꿀 수 있다. 후회를 하지 않으려면 후회를 선택하라.

만약에 내가 성장하기 원한다면 나의 선택의 결과들을 반추하고, 철저하게 후회해야 한다. 그리고 미래의 상황을 예상해야 한다. 미래에 주어질 선택의 기회에서 더 좋은 선택을 할 수 있도록 준비해야 한다. 그렇기 때문에 우리는 죽기 전까지 최대한 많은 선택을 해야 한다. 그리고 후회하고, 또 성장하는 그것이 우리들이 사는 인생이다.

당신은 최대한 후회하지 않는 방법을 선택할 것인가 철저하게 후회하는 것을 선택할 것인가.

인간수업
HUMAN CLASS

PART · 02
살아가는 인간

4 Chapter
주도적인 인간

홍종윤
HRD Company 대표

> 누군가의 지시가 아닌 스스로 만들어 가는 주도적인 삶이
> 우리에게 더 큰 행복감과 성취감을 줄 것이다.
> 그러기 위해서는 동기부여가 필요하다.
> 스스로 만들어 내는 동기부여는 마르지 않는 샘물처럼 살아가는 데 생명수와 같을 것이다.
> 나의 인생에서 주도적인 삶을 살았던 순간은 언제인가?
> 그 이유는 무엇인가? 이에 대한 답을 함께 찾을 수 있을 것이다.

01 | 왜 우리에게 주도적 삶이 필요한가?

위기의 순간, 시대의 조건을 탓하기보다는 상황을 극복하는 주도적 삶이 필요하다

지금까지 어떤 '위기'와 '어려움'이 있었는가?

'우리는 지금까지 어떠한 시기를 살아오고 있었나?'

　TV에서 나오는 뉴스를 보거나 포털사이트에 기사들을 보면 '코로나19 블루(우울증), 레드(분노)를 넘어 블랙(좌절)', '취업난', '집값 상승과 전세난' 이러한 기사들이 많이 눈에 띈다. 볼 때마다 한숨이 나오기도 하고 순간 내 미래가 걱정되고 막막하기까지 하다.

　시대적 배경만 보면 우리는 고난의 연속에서 살아가고 있다. 내가 상업계 고등학교 3학년 시절, 취업을 준비하고 있을 때였다. 성적이 상위권이라 상반기 취업보다 더 좋은 취업자리가 많이 나오는 하반기에 면접을 준비하고 있었는데 웬걸, 내가 사회에 첫발을 들일 때 IMF구제금융요청으로 국가적인 위기가 일어난 것이었다. 그렇게 많이 쏟아지던 취업 자리들은 한순간에 사라지고, 그나마 어렵게 합격까지 한 K그룹은 갑작스럽게 합격을 취소하는 것이었다. 그렇게 한동안 취업 때문에 힘들었던 기억이 있다.

　시간이 지나, 사내 강사에서 프리랜서 강사로 자리를 잡을 때쯤에는 미국발 서브프라임 모기지론 사태가 일어나 세계적인 금융위기가 왔었다. 그

때 강사들 사이에서는 '3불 하라'라는 이야기까지 나왔다. 강사료 묻지 말고(가격 따지지 말고), 장소 묻지 말고(멀어도 가고), 내용 묻지 말라(배워서라도 강의하라)는 이야기다. 그만큼 일도 없고 어려웠던 시기를 대변하는 말이었다.

아마도 시대는 계속해서 우리에게 위기를 줄 것이고 우리는 그럼에도 불구하고 살아가야 할 것이다.

위기에서 주도적인 삶을 살아가려면?

현재 우리는 어떠한 시대를 살고 있는가? 대부분이 아마도 '코로나19'가 먼저 떠올랐을 것이다. 코로나19로 인한 팬데믹 상황이든, 어떠한 다른 것이든 위기가 있다면 마치 그늘 반대편에는 빛이 있듯이 분명 반대되는 상황도 존재할 것이다. '그 당시 위기만 있었을까? 그 안에서 살아남은 사람들도 있지 않았을까?'라는 질문을 던져 보면 극복할 수 있는 꽤 괜찮은 답이 나온다.

김난도 교수의 「트렌드코리아 2021」을 보면 피보팅이라는 경제용어가 나온다. 이는 축을 옮긴다는 스포츠용어인데 경제위기가 왔을 때 기민하게 사업모델을 전환하는 것을 의미한다.

예를 들어 여행객이 끊긴 동남아 국가에서 관광객을 운반하는 택시를 음식을 배달하는 용도로 바꾼다거나, 2020년 마스크가 부족하여 대란을 겪을 때 언더웨어를 주로 생산하는 ㈜쌍방울이 속옷 만드는 공정과 유사한 마스크를 재빠르게 제작한 것을 그 예로 들 수 있다[1].

이렇듯 코로나19 상황에서도 위기만 존재한 것이 아니라 '코로나 틈새시장'이라는 반사이익을 본 곳도 많다. KOTRA 시카고무역 자료에 따르면, 방역청소용품, 특선식품, 홈트레이닝 제품들도 코로나19 상황에서 큰 인기를 얻었다고 한다[2].

문제해결 방법 중에 인력으로 해결할 수 없는 상황에서는 빠르게 적응하는 것이 최고의 답이라는 이야기가 있다. 팬데믹 상황 속에서 우리나라가 보건선진국이라는 말을 듣는 이유도 팬데믹 상황을 우리가 빠른 시간 내에 완전히 해결할 수는 없지만 그 안에서 최악을 막는 '적응'의 선택은 할 수 있었기 때문이다. 이러한 방법으로 문제를 헤쳐 나간 한 선배분이 계신다. 그분의 직업은 MC(진행자)이다. 관중이 있어야만 일을 할 수 있는 직업이다. 한 달에 사무실 비용, 외벌이로서 생활비까지 700만 원 이상이 들어간다고 한다. 나 또한 코로나19 상황에 힘들었을 때라 동병상련을 느꼈다. 그런데 얼마 지나지 않아 그 선배는 '친환경 방역 & 소독' 서비스 일을 시작하고 있었다. 상황에 굴복하지 않고 스스로 무엇인가 찾아 일어난 것이다. 벌써 1년이 지났고 현재도 잘 운영되고 있다.

나 또한 대면 업무를 못 하고 강의가 취소되던 시기 매일 아침 눈을 뜨면 '오늘 뭐 하지?'가 늘 숙제였다. 그때 스스로 할 수 있는 일을 생각했다. 여태 열정적으로 교육생 앞에서 강의한 내용을 글로 옮겨 보자라는 생각을 했다. 누가 시켜서가 아닌 스스로가 결정한 일이었다. 첫 저서다 보니 글이 쉽게 써지지 않았지만 한 장 한 장 완성해 가면서 성취감도 느꼈다. 그리고 주위 분들의 응원 그리고 저자라는 긍정적인 사회의 시선을 생각하니 동기 부여가 생겼고 드디어 탈고할 수 있었다.

그럼 이어서, 컨트롤할 수 없는 시대의 조건을 탓하기보다는 그 상황 속에서 스스로 주도적인 삶을 살아갈 수 있는 방법에 대해 이야기해 보도록 하자.

02 | 우리는 언제 주도적 삶을 살아가게 되는가?

스스로가 잘하는 것, 즐겨 하는 것에서 주도적인 삶의 조건을 찾을 수 있다

우리가 주도적인 삶을 살아갔던 순간

생각하는 대로 살 것인가? 아니면 사는 대로 생각할 것인가?

 이 말을 마음속으로 새길 때마다 '그래 사는 대로 생각하는 수동적인 삶 대신 스스로가 주도적으로 의지를 갖고 살아가야지'라는 생각을 다시금 하게 된다. 내가 정의 내리는 주도적 삶이란, 인생의 순간들을 스스로가 선택하고 결정하여 지속적인 발전을 일으키는 것이라 생각한다.

 실패하더라도 다시 스스로를 일으키는 적극적인 자세가 주도적 삶의 참 모습이다. 태어날 때부터 주도적 삶의 DNA를 가지고 태어난 사람은 많지 않을 것이다. 그러한 사람들도 중간에 실패하거나 포기하고 싶을 때가 있을 것이다. 그러할 때마다 어떠한 방식으로 다시 일어났고 동기부여를 받았는지 배우고 익히면 우리의 삶도 보다 더 주도적으로 살 수 있을 것이다.

 삶을 뒤돌아봤을 때 어떠한 순간에 주도적인 삶을 살아갔었나? 내 삶을 되돌아봤을 때 기억나는 몇 가지가 있다. 먼저 대학시절 삶의 첫 장학금이었다. 군대를 제대하기 전 결심한 것이 하나 있었다. '장학금을 받아보자' 군대를 다녀와서 철이 들었는지, 아님 독립적인 삶을 살고 싶었는지 정확

한 기억은 나지 않지만 장학금을 받기 위해 고군분투했던 기억과 장학금 받았을 때의 기분과 상황들은 정확히 기억에 남아 있다. 장학금을 받기 위해 부단히도 노력했다. 10장 정도 내는 리포트도 20장을 내고 실습과제도 몇 날 밤을 새워 가며 완성도 있게 만들고 발표 준비도 철저히 해서 교수님한테 빈틈없이 발표하는 모습을 보여 주었다. 진짜 순간순간 최선을 다해 임했었다. 교우들에게 박수를 받고 교수님의 칭찬을 받을 때마다 난 내가 잘하고 있다는 것을 확인할 수 있었다.

이러한 모습을 긍정적으로 바라본 교우들의 응원과 인정 덕에 결국 군대 제대하고 쭉 장학금을 받으며 학교를 마칠 수 있었다. 인생을 살아가면서 도전을 해야 할 때 나는 이때의 경험을 떠올린다. 그때마다 '그래 나는 한다면 하는 사람이야'라는 생각이 들며 도전을 긍정적으로 시작한다. 두 번째 수년간 다닌 크로스핏이다. 우연치 않은 계기에 난 크로스핏이란 운동을 시작했다. Cross + Fitness의 합성어로 다양한 운동들이 복합적으로 프로그래밍되어 하는 운동이다. 매일의 운동마다 시간과 횟수가 정해져 있고 그것을 완수해야 하루의 운동이 끝난다. 운동을 할 때는 정말 숨이 차서 죽을 것 같아도 마라톤 결승점을 넘듯 운동을 끝내고 나서는 '못 할 줄 알았는데 할 수 있구나, 이런 맛에 운동하지'라는 생각이 강하게 든다. 또 하루의 크로스핏이 끝나면 매일 자신의 기록을 이름과 함께 보드판에 적는다. 점점 기록된 시간이 단축되고 레벨이 향상된 것을 확인하면서 성취감도 느끼고 운동에 대한 자신감도 붙는다. 그리고 성취감과 함께 운동에 중독되었던 중요한 요소가 하나 더 있다. 바로 여러 사람이 같이 운동하는 곳이라 경쟁이라는 것을 자극했던 것이다. 이 운동은 최고 단계인 Rxd부터 D 단계까지 있는데 처음 운동하는 사람은 D부터 하다가 수년간 몸이 단련되고 운동력이 좋아지면 Rxd 단계로 운동한다.

언젠가 자신의 능력을 지나치게 초과하는 단계로 크로스핏 하는 사람을 보게 되었다. 운동을 즐기고 있다기보다는 고통스러움에 가까워 보였으며 정해진 횟수나 시간도 채우지 못하고 있었다. 그리고 일주 동안 다니다 그만두셨다. 처음에는 Rxd(최고단계)를 하는 사람들을 보면 너무 부럽고 나도 빨리 높은 단계를 하고 싶다는 생각이 든다. 하지만 처음부터 최고 단계를 하면 다치는 것을 잘 알고 있기에 차츰차츰 올라갔고 오를 곳이 있다는 것은 성장에 아주 강력한 자극이었다. 또 비슷한 레벨이라고 생각했던 대상자의 성적을 나도 모르게 매번 확인하게 됐는데, 나보다 기록이 좋은 날은 죽을힘을 다해 그 날 운동을 마쳤다. 운동 기록이 좋아지기 위해 전날 잠도 일찍 자고 근육 성장을 위해 식사도 잘 챙겨 먹고 술도 거의 먹지 않았다. 내 삶의 패턴에 많은 부분이 운동에 집중되어 있었다. 나만 그런가 봤더니 같이 운동하는 거의 모든 사람이 나와 같은 마음이었다. 이러한 이유 때문에 나는 이 운동에 빠질 수밖에 없었고, 즐겁게 운동할 수 있었다.

앞에서 말한 장학금과 크로스핏 운동의 기억은 내 삶을 살아가는 데 큰 원동력이 되고 있다. '내가 그렇게 열심히 살았었구나. 나는 마음먹으면 할 수 있는 사람이야!'라는 생각이 든다. 내 인생 모든 삶이 앞에 이야기한 것처럼 성공적이지만은 않았다. 하지만 내가 정의 내린 주도적 삶은 실패하더라도 스스로가 일어나야 하는 것이다. 우리의 삶을 주도적으로 살기 위해 필요한 요소는 무엇인지 계속적으로 이야기해 보도록 하자.

우리는 무엇을 통해 동기부여를 얻게 되는가?

　금전적 보상의 역효과를 증명한 실험이 있었다. 1957년 스탠퍼드 대학의 심리학 교수인 페스팅거 교수는 학생들에게 지루한 과제를 오랜 시간 동안 하게 한다. 그리고 그 과제를 마친 학생은 순번을 기다리는 다른 학생들에게 '이 과제 재밌었다'라는 거짓말을 하게 한다. 거짓말을 한 대가로 실험에 참여했던 절반의 학생들에게는 20달러를 줬고 나머지 절반은 겨우 1달러만 줬다. 얼마 뒤에 실험에 참여했던 학생들에게 실험에 대한 의견을 물어보니 20달러를 받은 학생들은 대부분이 "전혀 재미가 없었어요."라고 말하고 1달러 받은 학생들은 "그럭저럭 재미있었어요."라고 이야기하는 것이다. 또한 다시 실험에 참여하겠느냐는 물음에 20달러 받은 학생들의 대부분은 NO라고 답했으며 1달러 받은 학생들은 대부분 YES라고 답한 것이다. 이러한 결과가 나온 이유는 20달러 받은 학생들은 자신이 말한 '거짓말'의 대가가 20달러와 일치하지만 1달러를 받은 학생들은 거짓말의 대가가 1달러와 맞지 않았기 때문에 이런 부조화의 간격을 채우기 위해 상황을 긍정적으로 생각을 바꾼다고 한다.

　이 실험 결과를 보고 가끔 내가 했던 일보다 적은 보상을 받을 때 '에이 그래 거기에서 배운 게 있을 거야! 내가 얻은 부분이 분명 있을 거야'라며 적은 보상을 탓하기보다는 긍정적으로 생각을 바꿨을 때가 생각이 난다. 우리는 삶을 살아가면서 내가 했던 일보다 크지 않은 보상을 받을 수도 있고 이러한 외적 보상에 때로는 무감각해질 때도 있다. 그럴 때마다 지속적이면서 자발적인 내적 동기부여를 주어야 한다. 그리고 그것을 위해서 동기부여를 자극하는 성장의 요소를 학습해야 할 것이다. 나무와 같은 식물이 자라려면 필수 요소인 물, 환경, 흙이 있어야 하듯이 인간이 성장하기 위해서도 필수적인 동기부여 요소들이 있다. 다음 장에서 그 필수 요소가 무엇인지 자세히 알아보도록 하자.

03 | 주도적 삶을 살아가게 되는 조건

주도적인 인간이 되기 위해 '유능감', '자율성', '관계성'의 공식이 필요하다

학창시절 우리는 왜 그 과목을 좋아했을까?

학창 시절에 좋아하거나 잘했던 과목이 한 가지씩은 있다. '공부와는 담 쌓고 살았어요.'라고 하는 사람조차도 흥미를 가진 과목은 있었을 것이다. 왜 그랬을까? 그 과목을 좋아했던 이유가 있지 않을까?

우리 반에 수학을 꽤 잘했던 학생이 있었다. 심지어 수학 문제를 풀면서 희열과 재미까지 느낀다고도 했다. 나는 국어와 사회과목을 좋아했다. 여러 가지 이유가 있었겠지만 국어를 좋아했던 시기는 명확하게 기억이 난다. 중학교 1학년 때, 책을 읽는 내 모습을 보고 국어 선생님이 "○○이 책 잘 읽는다" "소설을 이해하고 해석하는 능력이 뛰어나" 등의 칭찬을 해 주신 것이 계기였다. 그 이후부터 관심 가져 주는 선생님에게 더 잘 보이고 싶었고 또 국어를 잘한다는 자신감 때문에 누가 시키지 않아도 자발적으로 국어는 빼놓지 않고 예습과 복습을 하고 시험 기간에는 국어 과목 위주로 공부했다.

그 당시 선생님들은 주입식 학습 방식을 기가 막히게 잘 쓰셨다. 사회과목 선생님도 무조건 암기였다. 정해진 페이지를 외우지 못하면 하교를 시키지 않는 것이었다. 사회 선생님이 담임선생님이라 어쩔 수 없이 외워야

만 했다. 아마 비슷한 연령대 분들이라면 이런 기억 하나씩은 있을 것이다. 그때 난 50명 학급생 중에 먼저 가는 학생 3위 안에 들었고 난 깨달았다. '내가 외우는 데 소질이 있구나' 그때부터 모의고사나 수능에서 암기과목은 고득점이었다. 이번 책을 쓰면서 주위에 있는 학생들에게 인터뷰해 봤다. '넌 어떠한 과목 좋아해?'라는 질문에 아이들은 이렇게 대답했다.

A학생: "처음에는 수학에 관심 없었어요! 한 번에 어려운 난도의 문제를 풀려니 힘들었는데, 조금씩 단계를 밟아 가면서 배우다 보니 내가 꽤나 숫자감각이 있구나를 깨달았어요! 수학에 자신감이 붙으니 그때부터 수학이 좋아졌어요."

B학생: "요즘 애들은 영어 다 잘하잖아요. 그래서 나도 잘해야겠구나 생각했어요! 근데 결정적으로 영어를 좋아했던 계기는 영어선생님이 '○○이 전학 와서 적응하기 힘들지? 힘든 거 있음 선생님한테 이야기해'라고 하시는 거예요. 나에게 관심과 사랑을 보내 준 영어 선생님이 좋아서 더 잘하게 됐어요."

C학생: "외국인 친구를 사귀고 싶어서 영어를 시작했어요! 글로벌하게 더 많은 사람들을 만날 수 있잖아요."

D학생: "부모님이 일반 고등학교 가라는 것을 전 제가 가고 싶은 예술고등학교로 방향을 바꿨어요! 제가 선택한 일이니 최선을 다하고 싶어요."

위에 언급한 학생들을 보면 시키지 않아도 스스로 잘하려고 노력하고, 심지어 재미와 흥미를 느낀다. 왜 그럴까? 에드워드 데시와 리차드 라이언의 자기결정이론(Self-determination theory, SDT)에 따르면 다음과 같이 해석해 주고 있다.

사람들의 타고난 성장 경향과 심리적 욕구에 대한 사람들의 동기부여와 성격에 대해 설명해 주는 이론으로 사람들이 외부의 영향과 간섭 없이 선택하는 것에 대한 동기부여와 관련되어 있는 것으로 본다. 자기결정성 이론은 개인의 행동이 스스로 동기부여되고 스스로 결정된다는 것에 초점을 둔다.
(중간생략)
기본적 심리욕구 자기결정성 이론에서 사람들은 생존을 위한 기본적인 삶의 생리적 욕구와 마찬가지로 생존을 위해 필요한 심리적 욕구를 가지고 있다. 자기결정성 이론에 따르면, 기본적이고 보편적인 심리적 욕구 세 가지는
자율성(Autonomy), 유능성(Competence), 관계성(Social Relatedness)이다[3].

위의 자기결정이론 정의처럼 아이들은 스스로 결정하여 선택한 자율성, 자신의 재능을 발견하여 더욱 동기부여를 받는 유능감, 그리고 선생님과의 긍정적인 관계나 사회적인 인간이 되기 위한 관계성 등으로 대입시킬 수 있다.

자율성이란 개인이 환경에서 강요받지 않고 스스로가 선택해서 결정하는 것이다. 여기서 자율성은 독립성과는 다른 개념이다. 독립성은 자립을 의미하지만 자율성은 스스로가 독립을 선택하지 않고 비독립을 원한다 하더라도 그것이 자신의 결정이기 때문에 자율성에 기반된 행동이라 볼 수 있다. 유능감이란 자기 수준에 맞는 과제를 수행함으로써 자신의 능력을 확인하게 되는 것을 말한다. 유능감은 갑작스러운 도전보다는 점증적 도전에서 많이 나온다고 한다. 관계성이란 다른 사람들과의 관계에서 안정감을 느끼는 것을 의미한다. 어떠한 대상자가 나에게 의미 있는 경우 타인과의 관계적인 안정감을 얻기 위해 더욱더 행동에 동기부여를 받는다. 이러한

관계들은 다른 사람들 간의 공동체적인 소속감으로부터 나온다고 볼 수 있다.

이러한 자기결정이론을 공식처럼 우리의 삶에 적용시킬 수 있을 것이다. 무엇인가 새롭게 시작하려 하거나 하다가 실패했을 때 막연하게 어둠에서 헤매는 것이 아니라 이 공식을 적용한다면 스스로를 동기부여하며 조금 더 주도적인 삶에 가깝게 살아갈 수 있을 것이다.

작은 성공의 경험들은 유능감을 향상시킨다(유능감)

스포츠 감독들이 가장 무서워하는 것이 바로 연패라고 한다. 왜냐하면 연속으로 경기에 질 경우 실패가 학습이 되어 이길 수 있는 팀도 지게 되기 때문이다. 이 말은 실패가 학습되면 계속 실패할 거라는 자기 암시를 하게 되어 결과로 이어진다는 것이다. 이깃을 잘 설명해 주는 장면이 문득 떠올랐다. 1980년대 줄리아 로버츠 주연의 영화 〈귀여운 여인〉에서 극 중 상대역이 "왜 몸을 파는 일을 시작했어요?"라고 물었다. 이에 줄리아 로버츠는 "모두가 나에게 실패자라고 하니 내가 진짜 실패자처럼 느껴졌어요."라고 답하는 것이다. 너무 젊고 아름다운 나이임에도 실패를 계속적으로 겪고 실패의 메시지들을 지속적으로 듣다 보니 본인이 스스로에게 한계를 짓게 된 것이다.

세계적인 심리학자 마틴 셀리그먼의 1964년 '학습된 무기력'의 실험에 따르면 반복적으로 실패를 경험하게 되면 내가 벗어날 방법이 있음에도 불구하고 시도조차 안 하고 포기한다는 것을 증명했다. 실험을 살펴보면, 1차 실험에 참여한 개들은 전기 충격이 가해지는 박스 안에서 어떠한 방법을 써도 전기가 멈추지 않게 장치를 두었다. 그러자 다른 환경의 2차 실험에서 벗어날 수 있는 방법이 있음에도 불구하고 누적된 실패 때문에 할 수 있는 것도 하지 않는 무기력에 빠졌다고 한다.

이와 비슷한 실험인 '포솔트 강제 실험'에서도 실험 대상자인 쥐는 수족관 안에서 아무리 헤엄쳐도 밖으로 빠져나갈 수 없다는 것을 알게 되자 쥐는 헤엄치는 것을 포기했다고 한다. 인간 또한 학습된 무기력이 우울증까지 이어지면 한 분야에 대해서만 무기력을 느끼는 것이 아니라 삶의 모든 영역에서 무력감을 느낄 수 있다고 한다.

실패의 반복을 반대로 성공의 반복으로 바꿔 생각해 보면 어떨까? 그 개념이 스몰석세스(Small Success)다. 실패의 반복이 무기력과 실패자를 낳는다면 성공의 반복은 자신감과 성공자를 낳을 것이다. 스몰석세스를 위해서 먼저 점진적 접근법이 필요하다. 스포츠 심리학자인 앨버트 반두라(Albert Bandura)도 자신감을 쌓는 방법은 직접 경험해 보는 '수행 성취'라고 말했다. 성취감을 맛보면 지속적으로 다음 목표를 향해 나아갈 에너지를 얻게 된다는 말이다. 웨이트트레이닝을 예로 들면, 자신이 들 수 있는 덤벨의 무게는 10kg인데, 근육을 급하게 키우기 위해 버거운 무게인 20kg을 들다 보면 자신의 한계점을 느끼게 되고 운동 자체에 흥미도 점점 잃어 가게 된다. 그래서 운동의 효과성과 재미를 느끼기 위해 자신이 현재 할 수 있는 무게로 반복 횟수를 늘리고 근력을 증가시킨 다음 중량을 한 단계씩 더 올리는 것이 필요하다. 그리고 이러한 점증적인 활동은 성취감과 자신감을 얻게 할 것이고 지속적인 발전을 가져가는 데 큰 원동력이 된다.

작은 승리 전략(Small Wins Strategy)이론을 이야기한 미국 미시간대 교수 칼 와익(Karl Weick)은 "산을 오르는 게 겁날 때 이를 극복하는 가장 좋은 방법은 작은 언덕부터 넘는 것"이라 말한다. 문제에 직면했을 때 전체를 해결하기보다는 조금씩 나누어서 문제를 난도가 낮은 것부터 높은 것까지 도전하다 보면 성취로 인한 자신감을 통해 우리는 상당한 안정감을 찾을 수 있다는 것이다.

스스로 선택한 것에 더 열심히 한다(자율성)

여러분은 통제된 곳에서 생활해 봤는가? 사람들은 대부분 병원, 군대, 감옥이 자유롭지 못하다는 점에서 선호하지 않는다. 나 또한 다시 군대를 가라고 하면 손사래를 칠 것이다.

이 책을 읽는 독자분들 중에 아이를 키우는 분이 있다면 아이에게 채소 같은 건강식을 먹이기가 힘들다는 걸 잘 알 것이다. 아는 여자 후배는 "다른 건 다 말 잘 듣는데 애가 밥을 안 먹어. 특히나 자기 좋아하는 것만 골라 먹고 채소는 손도 안 대."라고 한다. 이런 분들에게 조금이라도 도움이 될 만한 연구결과가 있다. 1990년 코넬대학교의 한 실험을 보면 아이에게 "채소를 먹어야지"라는 말을 할 때보다 "완두콩이 좋을까 아니면 당근이 좋을까"라고 말할 때 채소를 먹을 확률이 높았다고 한다. 이렇듯 사람들은 선택지를 받더라도 자율적인 선택을 원한다. 발달심리학자인 에릭슨(Erikson)은 1~3세경에 이미 자율성이 성격의 일부분으로 형성된다고 이야기한다.[4]

나 또한 자율적인 선택에 의해 인생을 살아왔다. 고등학교 졸업 후 학교를 바로 가지 않았다. 부모님 또한 나에게 대학교를 가라고 어느 전공과 직업을 가지라고 강요하지도 않았다. 그렇다고 부모님의 사랑이 없었던 것은 아니다. 단지 나의 결정을 믿어 줬을 뿐이다. 고등학교 졸업 후 1년 동안 일을 하면서 내가 하고 싶은 것을 곰곰이 고민했고 시대가 원하는 트렌드를 생각해 보건대학교에 입학했다. 그 이후 내 의지와 필요에 의해 편입을 했고 이후 강사로 활동하면서 대인 커뮤니케이션을 연구하고 싶어 관련 대학원을 졸업했다. 삶을 살아오면서 문득 내 삶에 충실하고 만족했었던 이유가 나의 자율의지에 따라 스스로 결정하고 책임졌기 때문이라는 것을 깨달았다. 인간은 누군가의 강요가 없더라도 내면에 스스로를 발전시킬 수 있는 큰 힘이 있다.

우리는 타인과의 관계에서 동기부여를 받는다(관계성)

심리학자 매슬로의 욕구 5단계에 의하면 인간은 생리적 욕구, 안전의 욕구, 사회적 욕구, 존경의 욕구, 자아실현의 욕구가 있다. 인간은 배가 고프면 먹을 것을 찾는 것처럼 기본적인 생리 욕구의 하위 개념부터 자아실현 욕구의 상위 개념까지 있다. 그리고 하위의 욕구가 충족되어야 다음 단계의 욕구로 이동할 수 있다고 한다. 매슬로의 욕구 5단계에서 생리와 안전의 기본 욕구 다음에 나오는 것은 사회적 욕구이다.

> **사회적 욕구의 정의**
> 사회적 욕구로는 사랑을 주고받고자 하는 사랑의 욕구, 소외되지 않으려고 어떤 집단에 소속하고 싶어하는 소속의 욕구가 있다. 이러한 사회적 욕구는 매슬로(A. Maslow)의 욕구단계 이론 중 소속과 사랑의 욕구, 존중의 욕구에 해당된다.

그만큼 인간의 사회적 욕구는 아주 기본적인 욕구가 해결되면 자연스럽게 따라오게 되는 욕구인 것이다. 이러한 인간의 사회적 욕구는 다양한 곳에서 관찰된다.

몇 년 전 '등골브레이크'라는 고가의 N사 패딩점퍼가 교복점퍼로 널리 알려진 것도 아이들이 자신도 N사 패딩점퍼를 입고 그 집단에 편입되고 싶어 하는 사회적 욕구에서 비롯된 것이 아닐까 생각한다. 한 범죄자가 SNS에 자신의 사진을 올려 위치추적을 당해 잡혔다는 해외 뉴스를 본 적이 있다. 국내에서도 SNS에 잘못된 사진을 인증하여 곤란한 경우를 겪는 일을 심심치 않게 목격할 수 있다. 사회적으로 소속되고 싶고 'SNS 좋아요'의 애정을 받고 싶은 욕구에서 비롯된 것은 아닐까.

최근 팬데믹 상황 때문에 이러한 사회적 욕구를 풀지 못하고 우울감을 느끼는 사람들이 많다고 한다. 한국리서치 조사에 의하면 팬데믹 상황 전과 비교해서 불행함을 느끼는 사람이 50%가 된다고 나왔다. 그 원인 중 많은 부분이 가족과 주변인과의 관계라고 한다. 팬데믹 상황에서 자유롭지 못한 만남이 불행함의 원인이라고 해석된다. 나 또한 사람들을 만나 일을 만들어 가는 직업이라 한동안은 꽤 우울감에 시달렸었다.

고대 철학자 아리스토텔레스의 '인간은 사회적 동물이다'라는 개념을 담은 저서 「사회적 인간이란 무엇인가」에서 "인간은 타인과의 관계를 통해서 자신의 존재가치를 확인하고 행복감을 느끼고 타인과의 상호 교류를 통한 공생관계를 유지하는 것이 인간의 삶이다."라는 말이 나온다. 이처럼 선생님의 칭찬을 받아 열심히 공부한 학생도 타인(선생님)과의 관계(칭찬)를 통해 자신의 존재가치를 느끼고 행복함을 느껴 더 열심히 하는 모습으로 볼 수 있다. 이러한 사회적 욕구를 우리는 더욱 긍정적으로 자기 발전을 위해 사용할 수 있지 않을까?[5] 사회적 욕구를 잘 활용한다면 자신의 존재가치도 확인하고 타인과의 교류도 하면서 긍정적인 에너지를 전달할 수도 있는 것이다.

몇 년 전 SNS를 통한 사회 운동의 대표적인 사례로 꼽히는 Ice Bucket Challenge(얼음이 든 차가운 물을 머리부터 끼얹는 도전)는 근위축성측색경화증(ALS·루게릭병) 환자를 돕기 위한 릴레이 기부 캠페인이었다. 이 캠페인은 헐리우드 스타, 페이스북 CEO인 마크주커버를 비롯하여 해외 유명인뿐만이 아니라 국내 유명인들로 인해 일반인들에게도 널리 알려졌고 많은 사람들이 함께 이 도전에 동참하게 되었다. 이를 통해 특수질환에 대한 인식개선과 각종 기부활동으로 이어지는 등 사회적으로 긍정적인 영향을 주었다. 챌린지 성공 이유에는 동참자들의 이타적인 마음과 함께 사회적인 현상에 소속되려는 사회적 욕구도 함께 있지 않았을까.

최근 어려운 의료환경 속에 사명을 다해 일하는 의료진들의 모습이 보는 이로 하여금 안타까운 마음을 자아낸다. 땀에 흠뻑 젖은 방역복, 방역 고

글에 움푹 패인 피부, 그리고 쉬는 시간 없이 일한 지친 모습을 보며 우리는 미안함과 감사한 마음이 함께 든다. 이러한 마음을 찰떡같이 표현하는 SNS 챌린지가 생겼다. 바로 '#덕분에'이다. 의료진에게 존경과 감사함을 느끼는 많은 사람들이 '#덕분에캠페인', '#덕분에챌린지', '#의료진덕분에'의 3개의 해시태그를 붙이고, '덕분에 챌린지'를 이어갈 다음 참여자 3명을 지목하는 방식으로 진행된다. 이 챌린지는 팬데믹에 지쳐 있는 일반인과 의료진들에게도 큰 힘이 되는 것은 물론이고 의료진에 대한 긍정적인 국민의식에 영향을 끼치게 되었다. 이러한 것이 사회적 욕구를 통한 긍정적인 영향력이 아닐까 생각한다. 요즘 '나만 뒤처지나?'의 포모증후군처럼 누군가한테 휩쓸리듯 사회적 현상에 따라가기보다는 자신의 하고 싶은 일과 올바른 방향성을 찾아 시대의 열차에 탑승하는 것은 어떨까.

포모증후군(FOMO Syndrome)
자신만 뒤처지거나 소외되어 있는 것 같은 두려움을 가지는 증상[6]

04 | 동기부여 없이는 주도적 삶을 살아갈 수 없다

동기부여를 통해 자신의 한계를 뛰어넘어 지속적인 발전을 할 수 있다

우리는 에너지가 있어야만 무엇인가 시작할 수 있다. 우리가 받는 에너지를 굳이 나누자면 외부에서 받는 외적 동기부여인가? 또는 나 스스로가 만들어 낸 내적 동기부여인가로 나눌 수 있다. 많은 인지심리학 실험과 학자들에 의하면 외적 동기부여보다 내적 동기부여가 인간에게 삶에 대한 만족도와 과업에 대한 지속력을 더 줄 수 있다고 한다. 이에 관해 2014년 7월에 발표한 흥미로운 연구결과가 있다. 예일대학교에서는 1997년부터 2006년까지 9년간 미국 웨스트포인트 사관학교에 입교하는 사관 후보생 11,320명을 대상으로 '왜 입학하게 되었는지?' 지원동기를 조사하였고, 5년간 의무 복무기간과 이후 6년간의 군생활을 추적 관찰하였다.

이 연구는 후보생들이 처음 가졌던 지원동기가 사관생활, 그리고 이후 군생활의 성과에 어떠한 영향을 미쳤는지에 대한 분석을 위해 진행되었다. 연구 결과 군인이 되기 위해 학비지원과 자신의 경력관리 등 외적인 동기부여를 가졌던 후보생보다 군인으로서의 내적 동기부여를 가졌던 후보생들이 더 많은 입관 비율뿐만이 아니라 의무 복무 기간 이후에도 근무 비율이 훨씬 높은 것을 관찰할 수 있었다. 다시 말해 장기적으로 일에 대한 만족감과 지속력은 외적인 동기부여보다 내적 동기부여에서 더 강하게 일어나는 것을 알 수 있다[7].

인간이 기계와 다른 점은 작동하기 위해서 연료나 전기 같은 물질적인 에너지로만 움직이지 않는다는 것이다. 인간은 물질적인 에너지와 정신적인 에너지가 필요하다. 바로 자유의지에 의한 동기부여이다. 이러한 동기부여를 통해 자신의 한계를 뛰어넘어 지속적인 발전을 할 수 있는 것이다. 우리는 살아가면서 수많은 실패를 겪을 수도 있다. 심지어 설상가상으로 어려운 일이 연속적으로 일어날 수도 있다. 그럼에도 불구하고 잠시 울고 감정을 추스른 다음 땅을 보고 걷는 것이 아니라 앞을 보고 걸어 보자.

성공적인 실패라는 말이 있다. 성공적인 실패를 위해 우리는 다시 일어나야 한다. 그럴 때 필요한 것이 바로 주도적 삶의 방향성이다. 자신의 유능감을 점증적으로 키우고, 스스로의 선택에 의해 움직이며, 관계 속에서 자신의 역할을 찾아간다면 우리는 충분히 만족스런 인생을 살아갈 것이며 더 나은 인간이 될 것이다.

5 Chapter
배우는 인간

주충일
GS칼텍스 책임, 한국교육컨설팅코칭학회 이사

> 배움은 인간의 삶에서 자연스럽기도 하고 억지스럽기도 하다.
> 중요한 것은 배움은 '노동'이 아닌 자신의 삶에서 능동적 주체로서
> 존재영역을 찾아가는 행복한 여정이라는 것을 깨닫는 것이다.
> 진정성 있는 자신을 찾아가는 진행형의 삶에서 더욱 성장하고 성숙해지기 위해서는
> 더 깊고 더 넓은 배움의 바다에 온 몸을 던져야 변화의 시대에서 살아남을 수 있다.

01 | 인간은 왜 배우는가?

인간의 배움은 본능이며 노동을 넘어 즐거움과 행복한 삶의 여정이라는 새로운 이해가 필요하다

"삶은 앎으로 사람이 되어 가는 존재의 정원을 가꾸는 '배움'의 과정이다."

배움에 대한 인식

인간은 태어나는 순간부터 생존을 위해 본능적으로 배움을 시작한다. 갓 태어난 아기도 배가 고프거나 기저귀가 답답하면 울부짖어 부모의 도움을 요청하는 법을 알고 있다. 작은 위협이라도 감지되면 본능적으로 두려움을 느끼고 방어태세를 취한다. 한 실험 결과에 따르면 아기는 타인에게 해(害)를 주는 사람에게는 인상을 찌푸리며 거부감을 보이고, 선한 행동을 하는 사람에게는 미소를 짓는다고 한다. 아이가 자라면서 자연스럽게 말을 배우게 되면 이런저런 세상에 대한 호기심으로 어른들이 귀찮게 여길 정도로 질문을 한다. 이렇게 아이가 배우면서 성장하는 모습을 보았을 때, 인간은 생존뿐 아니라 더 나은 삶을 살기 위한 배움의 욕구를 가지고 있다고 할 수 있다.

생존을 위한 본능적인 배움의 욕구는 다른 동물들에게서도 찾아볼 수 있다. 하지만 인간의 배움은 단순한 생존의 차원을 넘어 성취를 통한 인정과 자아실현, 자신을 넘어서는 초월적 이상을 위해 배우고 수련한다는 점에서 동물과 차이가 있다. 인간은 질문에 대한 해답을 통해 더 큰 세상을 배우고

생존을 넘어선 더 나은 삶을 위한 여정을 시작하면서 동물의 배움과는 다른 길을 걷는다. 하지만 우리는 시간이 흐를수록 치열한 경쟁에 내몰리며 시험이라는 관문을 반드시 통과해야 하는 강압적인 배움을 경험하게 된다. 좋은 학교를 졸업하고 훌륭한 직업을 가져야만 가치를 인정받는다는 통념이 사회에 팽배하기 때문이다.

결국 인간의 배움은 생존을 위한 본능으로 시작하여 사회적 제도와 요구 속에 강압되면서 '공부'라는 이름의 노동으로 우리에게 인식되고 만다[1]. 그래서 졸업과 동시에 강압적인 의무가 사라지면 배움의 불꽃도 생명을 다하는 경우가 많다. 하지만 어떤 사람들은 '공부'라는 노동의 의무가 없는 노년까지도 자발적으로 끊임없이 배운다. 이들에게 배움은 즐거움이고 행복이다. 인간의 삶과 배움의 과정을 돌아보면, 인간이 배움을 인식하는 방식을 세 가지로 나눠볼 수 있다. 첫째, 우리가 선택하지 않아도 삶의 다양한 경험 속에서 자연스럽게 이루어지는 본능적인 배움으로서의 '깨달음'이다. 둘째, 사회적으로 강압되는 노동으로서의 '공부'이다. 마지막으로 자율적으로 선택하는 즐거움으로서의 '배움'이다.

배움에 대한 시대적 요구

현대사회는 산업 증발의 시대이다. 급격하게 변하는 세상에서 어떤 산업이 융성하다가 사라지기를 반복한다. 산업이 빠르게 발전하면서 지식의 감가상각 기간도 짧아졌다[2]. 대중에게 PC가 보급되기 시작한 1990년 이전에는 지식을 얻기가 무척 어려웠다. 따라서 지식의 가치가 높고 감가상각 기간도 상당히 길게 여겨졌다. 하지만 PC와 인터넷, 스마트폰의 보급, 인공지능(AI, Artificial Intelligence) 등의 변화를 거치면서 급격히 늘어난 지식의 생산과 유통은 자산으로서의 지식의 가치를 떨어뜨리고 감가상각 기간을 급속도로 단축하였다.

반면, 인간의 수명이 늘어나고 노동기간은 길어졌다. 변화에 발맞춰 새로운 지식자산을 확보하지 않으면 삶을 살아 내기가 수월치 않게 된 세상이다. 과거에는 전문가로서 한 분야의 깊이 있는 지식이면 충분했지만, 이제는 그렇지 않다. 경계를 넘나들며 연결할 수 있는 크로스오버(Crossover)형 인재가 중요해졌다. 이러한 시대적 변화는 생존과 사회생활을 위한 '소통' 때문이라도 새로운 배움이 절실히 필요한 이유가 된다. 최근에는 배움의 영역을 넘나드는 것에서 더 나아가, 사물과도 연결되어야 하고 가상세계에서도 살아남아야 한다. 사람과 사물, 온라인과 오프라인 등 경계와 지역을 넘어 글로벌(Global)하게 소통하는 세상이 되었다.

또 인간의 의식 수준이 높아지면서 배움이 다양하고 깊어지고 있다. 인간의 배움은 생존을 위한 본능과 학교 교육 등의 필수적인 훈련을 넘어 사회적 관계와 존재에 대한 탐구로 확대되고 있다. 사람들은 미지의 영역이라 여겨지던 자연과 우주를 연구하는 등 많은 분야에서 자발적으로 인간 존재를 탐구하고 있다. 특히 같은 관심을 가진 사람들이 함께 모여 배우는 학습공동체의 형식으로 배움의 모습이 발현되고 있다. 최근에는 온라인상에서 더욱 활발하게 이루어지기도 한다. 시대가 변하고, 기술이 발전하면서 인간의 배움의 모습이 다양해지는 것은 당연하고 필요한 시대적 요구이다.

배움에 대한 새로운 이해

시대와 환경변화에 따라 배움에 대한 이해도 변하고 있다. 인간에게 있어서 배움에 대한 비유는 인간 사회의 모습을 담고 있다. 농업사회에서 배움의 모습이 '기르다(Grow)'였다면, 산업사회에서의 배움의 모습은 '만들다(Make)'이다. 농업사회에서는 마을 공동체의 어른들이 농작물을 길러 내듯 아이들을 지혜롭게 길러 내는 것이 주요한 배움의 모습이었다. 이후 산업사회에서는 공장에서 제품을 만들어 내는 사회로서 쓸모 있는 사람들을 만들어 내는 '3R'(읽기 Reading, 쓰기 wRiting, 계산하기 aRithmetic)이 주요한 배움으로 여겨졌다[3].

산업사회 이후의 배움은 사회적 생존 능력으로서의 새로운 '3R(문제 해결 능력 Relevancy, 인간적인 신뢰 Relational, 민주시민 Responsibility)을 요구한다[4]. 단순히 읽고 쓰고 계산하는 능력을 넘어 복잡한 사회의 신뢰관계 속에서 현실세계의 문제를 해결하고 민주시민으로서 질서가 필요하기 때문이다. 또 다른 측면으로는, 대중들의 의식 수준이 높아지면서 자신의 내면을 탐구하고 스스로를 발견하고 깨닫는 배움도 많은 관심을 받고 있다. 즉 인간은 배움을 통해 '나는 누구인가?'라는 질문에 '너는 무언가를 아는 존재'라는 '앎의 주체(Knower)'로서 정체성을 찾아가고 있는 것이다[5].

02 | 배움은 무엇인가?

> 배움은 삶의 수많은 시공간 속에서
> 의미를 찾는 것이며
> '수확체증의 법칙'을 따른다

"인간의 삶이란 신기하게도 정답을 찾는 여정이라기보다는
끊임없이 질문을 해 나가는 여정이다."

- 박상우(2008), 「인형의 마을」[6]

배움의 순간

 삶을 살아가면서 누구나 배움의 순간이 있다. 단순히 지식이나 기술을 습득하는 것이 아닌, 커다란 깨달음을 통해 삶의 변화를 일으킨 순간을 떠올려 보자! 특히, 커다란 배움이 일어났던 순간은 우리의 기억 속에서 잘 잊히지 않는다. 그러한 배움의 순간은 시간상으로 먼 과거이지만 현재로 다시 생생하게 소환된다. 그 배움이 일어났던 장소는 의미가 없을 때는 비어 있는 '공간(Space)'이지만, 의미가 채워지는 순간 배움이 일어나는 '장소(Place)'가 된다. 그 시간과 장소에 대한 기억이 우리에게 배움이라는 자극을 통해 정체성의 변화에 영향을 준 것이다. 나에게 그러한 변화를 경험하게 한 사례는 다음과 같다.

 40대 중반의 어느 날, 문득 지나온 삶을 돌아보게 됐다. 기억의 시간 여행을 한참 하던 중 작은 사건에서 큰 깨달음이 일어났다. 초등학교 5학년 때 나는 학교를 대표해 1km 중거리 종목 육상대회 예선전에 출전한 적이

있다. 당시 학교 대표로 선발된 친구들은 나를 제외하고 모두 소위 '인싸'(인사이드)였기 때문에, 그들과 어깨를 나란히 할 수 있다는 사실만으로도 엄청나게 설레었다. 하지만 내성적이고 소심했던 나는 훈련을 하는 내내 제일 잘 뛰는 친구의 뒤를 조용히 따라서 뛰었고, 그 친구만 놓치지 않으면 창피하지는 않을 것이라고 생각했다.

몇 주간의 훈련 끝에 드디어 시합이 열리는 날이었다. 훈련 때처럼 나는 제일 잘 뛰는 친구의 뒤를 따라서 뛰기 시작했다. 800m를 지나던 즈음, 친구의 뛰는 속도가 급격히 느려졌다. 결승선을 얼마 남기지 않은 지점이었으므로 나는 친구에게 말했다. "이제는 조금 빨리 뛰어야 할 것 같은데?" 그러자 친구가 매우 지친 목소리로 말했다. "너 먼저 가." 걱정하는 마음을 뒤로 한 채 남은 200m를 있는 힘을 다해 뛰었다. 그런데 그 순간 앞서가던 경쟁자들의 모습이 슬로우비디오처럼 느껴지는 게 아닌가. 한 명씩 경쟁자들을 앞지르는 동안 달리는 것이 그렇게 신기하고 재미있을 수가 없었다. 무아지경으로 달리기를 마치고 결승선에 도착해 보니 내가 1등이었다. 그때부터 나는 학교에서 유명한 인싸가 되어 친구들에게 영웅처럼 대접을 받았다. 선생님과 친구들의 인정과 칭찬에 자신감이 충만했고 혼자 본선에 지역 대표로 출전하게 되었다. 아쉽게도 친구는 예선에서 탈락했고, 홀로 연습이 시작되었다. 친구의 뒤를 따라 훈련할 때보다 힘들었지만 자신감으로 충만한 상태였으므로 문제없다고 생각했다.

드디어 본선 대회가 열리는 날이었다. 경기 시작을 알리는 총성과 함께 나는 제일 먼저 앞으로 달려 나가 뛰었다. 그런데 600m를 막 지나고 급격히 체력이 떨어지면서 다리가 후들거렸다. 남은 거리를 안간힘을 다해 뛰었지만, 결과는 20명 중 7등이었다. 불과 며칠 전 영웅이던 모습은 사라지고 응원을 보내 준 사람들에게 실망감을 안겨 주고 말았다. 나 자신이 얼마나 부끄럽고 원망스러웠는지 모른다.

30년이 지난 어느 날 문득 만난 성찰의 시간을 통해 배움이 일어났다. 가능성에 대한 굳건한 믿음이 얼마나 중요한지, 꾸준한 훈련이 성장과 발전에 어떤 역할을 하는지, 겸손하지 못한 자만이 어떤 참사를 불러오는지를 육상대회에 출전했던 어린 시절의 모습을 반추하며 지금의 내가 다시금 깨닫고 있었다. 지금도 학교 운동장에 가면 육상대회를 준비하며 친구와 이야기를 나누고 훈련을 하던 내가 보인다. 학교 운동장은 단순히 비어 있는 '공간(Space)'이 아닌 의미 있는 배움의 '장소(Place)'로 현재의 나에게 생생하게 소환되어 깨달음과 배움의 자원이 되었다. 누구나 삶의 매 순간 이런 일을 겪을 수 있다. 그렇다면 배움은 어떻게 일어나는 것인가?

아는 만큼 모른다

배움은 일반적으로 경제학에서 이야기하는 '수확체감의 법칙'을 따르지 않는다. 오히려 배움은 '수확체증의 법칙'을 따른다[4]. 배우면 배울수록 배우는 것이 많아진다. 이는 역설적이게도 배우면 배울수록 모르는 것이 많아지기 때문에 배우는 것이 많아지는 것이다. 왜냐하면, 알아야 할 것들이 늘어나기 때문이다. 다시 말해서 알면 알수록 자신이 모르는 것이 많음을 인지하기 때문에 더 배워야 한다고 생각하게 된다. 이에 인터넷에서 봤던 한 이야기가 생각난다.

어느 날 스승이 제자로부터 다음과 같은 질문을 받았다.
"스승님께서는 이미 아는 것이 그렇게 많은데도 불구하고, 왜 계속 공부를 하십니까?"

스승은 제자에게 앎을 원에 비유하며 다음과 같이 대답했다고 한다.
"네가 알고 있는 것이 이 작은 원이라면, 내가 알고 있는 원은 이렇게 크다고 할 수 있지! 원이 크면 모르는 영역에 접해 있는 원의 접선이 이렇게 더 클 수밖에 없고, 그래서 내가 자네보다 공부를 더 많이 할 수밖에 없구나!"

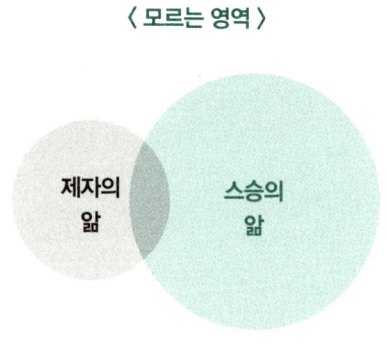

[그림 1] 앎의 크기와 영역

위의 사례에서 보듯이 역설적이게도 우리는 "아는 만큼 모르는 것이다."

배움 공식

배움은 어떤 사건을 통해 자신의 정체성을 형성시켜 주며, 삶의 의미를 일깨워 주는 도구로 볼 수 있다. 연세대학교 교육학과 한준상 명예교수는 '배우는 인간'(Homo Eruditio)을 연구하였고, 배움이 인간에게 있어서 행복의 요건을 본능적으로 충족시켜 준다고 하였다[4]. 우리는 배움을 통해 기존의 앎을 소거하고 발전시키거나 새로운 앎을 통해 변화하는 과정을 거친다. 배움과 앎은 우리 삶에 밀접하게 관련되어 있다. 즉 삶의 쓰임새를 인지하고 어떤 사건을 몸으로 겪는 경험을 통해 배움이 일어난다. 그러나 중요한 것은 그 경험에 대해 의미를 발견하고 성찰할 때만 배움이 일어난다는 것이다. 아무리 큰 경험도 의미를 발견하지 못하고 성찰하지 않으면 배움이 일어나지 않거나 적을 수밖에 없다. 한준상 교수가 제시하는 배움 공식은 다음과 같다[6].

$$E(Erudition) = MS^2 \text{ or } MC^2$$

배움 공식의 변수 M은 의미(Meaning), S는 쓰임새(Significance), C는 몸(Corporal)과 마음(Consciousness)이다. 앞에서도 이야기한 것처럼 삶의 경험 속에서 의미를 발견하는 것은 배움의 필수 요소이다. 그 경험이 쓰임새가 많을수록 배움은 크게 일어나고, 몸과 마음으로 겪은 것이 클수록 배움은 커질 수밖에 없다.

대학시절 집안 형편이 갑자기 어려워져 공사 현장에서 일한 적이 있다.

건물 벽체에 불거져 나온 철근을 망치와 끌로 잘라 내는 작업을 하고 있었는데, 갑자기 세상이 금이 간 것처럼 보이는 것이 아닌가? '무슨 일이지?' 잠시 생각을 멈추고 안경을 벗었다. 그리고 소스라치게 놀랐다. 안경알 한가운데 끊어진 철근이 대롱대롱 매달려 있는 것이 아닌가! '하마터면 실명할 뻔했구나!' 가슴이 철렁하며 내려앉더니 갑자기 주변이 사라지고 마음이 평온해졌다. 그리고는 다리에 힘이 풀려 털썩 주저앉았고, 과거의 삶이 영화필름처럼 돌아가기 시작했다.

　사건이 있기 며칠 전, 공사현장에서 함께 일하던 친한 동료가 떨어지는 나무 기둥에 머리를 맞고 사망한 일이 있었기에 더 큰 충격이었다. 공사현장에서 일하는 인부들은 생계유지를 위해 소주를 서너 병씩 마셔가며 아픈 몸을 이끌고 일하기도 한다. 나는 갑자기 어려워진 집안 형편 때문에 학비를 벌기 위해 시작한 일이었는데, 더 힘든 환경에서도 하루하루 충실하게 살아가는 사람들의 모습을 보며 반성을 했고 오히려 삶의 의미를 되새기는 기회가 되었다. 시간이 한참 흘러서도 문득 그때가 떠오르면 현재의 상황과 모습에 감사하며 살아갈 에너지를 채우기도 한다.

　배움 공식에 비추어 보면 내가 어떤 사건에서 발견한 의미는 여러 차례 삶에 적용되면서 나를 성장시킨다. 이러한 배움은 삶의 쓰임새에도 귀중하게 여겨질 사건이었고 나의 몸과 마음으로 직접 겪어 낸 것이었기에 큰 배움일 수밖에 없었다.

삶 = 배움

인간에게 있어서 배움은 삶과 분리할 수 없다. 배움은 우리가 숨을 쉬고 삶을 살아가는 동안 끊이지 않는 진행형(-ing)이다. 물론, 배움의 내용과 크기는 삶의 사건에서 의미를 발견하는 성찰의 내용과 크기에 따라 사람마다 다를 것이다. 삶은 명사가 아니라 '살다'라는 동사라는 사실에서 배움은 생명력의 전제조건이기도 하다[7]. 즉 배움이 일어나지 않는 삶은 생명력이 없는 죽어 있는 삶이라고 할 수 있다. 그렇다면 배움은 무엇일까?

배움에 대한 한준상 교수의 수많은 정의 중 하나를 소개하면 다음과 같다[6]. 배움은 "인간의 삶 전반에 일어나는 각성과 깨우침을 동반한 삶의 의미 찾기 같은 것이다. 배움과 인간의 삶은 그 시작과 끝을 같이하게 된다."

위 배움의 정의에서처럼 배움은 우리가 숨을 쉬는 순간, 언제까지라도 함께하는 것이고 삶의 의미를 찾아가는 여정이다. 그러나 안타깝게도 학교교육은 배움을 노동으로서의 '공부'로 변질시켰다. 물론 경쟁에서 살아남기 위한 사회화의 과정에서 어쩔 수 없는 선택이라고 하더라도, 진짜 배움을 통해 행복해질 수 있는 배움의 본질을 찾아 누려 보기를 희망한다. 다행히도 최근에는(코로나19로 위축되기는 하였지만) 수많은 사람들이 강요된 배움에서 벗어나 행복한 배움을 자율적으로 추구하는 모습을 볼 수 있다.

배움을 즐기는 사람들은 무엇 때문일까? 이에 대해 성인학습 이론가들로부터 어느 정도 답을 찾을 수 있었다. 쉐(Schaie, 1977)는 인간의 배움은 성인기의 인지발달 단계에 따라 '무엇(What)을 알아야 하는가?'에서 '알고 있는 것을 어떻게(How) 사용해야 하는가?'를 지나 '왜(Why) 알아야 하는가'로 변화된다고 보았다[8]. 즉 세상을 잘 모르는 유년기/청년기 시절에는 사회적 참여를 위해 필요한 '무엇(What)'이 주요한 배움의 대상이다. 이후 성인이 되어 세상을 살아가는 방법으로서 지식과 기술 같은 것을 삶에 적용하는 '어떻게(How)'에 대한 배움이 중요해진다. 중년 이후에는 삶의 다양한 사건들과 인간으로서 존재에 대한 의미인 '왜(Why)'를 발견하고자 한다.

이화여대 경영학과 윤정구 교수는 유사한 의미로서 세 수준의 공부를 설명하고 있음을 페이스북(2021)에 게시된 글을 통해 발견했다. 그 내용은 다음과 같다.

"가장 높은 수준의 왜 살아야 하는지의 Know Why의 공부가 있고, 어떻게 사는 것이 잘 사는 것인지 Know How의 공부가 그다음 수준을, 무엇을 하고 살아야 하는지의 Know What의 공부가 가장 기본을 형성한다. 하지만 수준보다 더 중요한 사실은 세상을 바꾼 사람들의 공통점은 이 세 가지의 공부가 한 방향으로 정렬된 삶을 살았다는 것이다."

우리는 의미 있는 삶을 통한 정체성 형성을 위해 배움이라는 생명수가 필요하다. 삶을 겪어 낸 몸과 마음의 성찰을 통한 배움은 묻고 답을 구하는 과정에서 의미와 쓰임새를 발견함으로써 나타난다. 사실과 과학이라는 '사이언스'(Science)라는 단어보다 의미가 넓은 라틴어 '스키엔티아'(Scientia)는 원인들에 대한 앎을 말한다고 한다[9]. 학문 또한 근원들에 대한 앎이라는 것을 끊임없이 질문하고 답을 하는 과정 속에서 경험하고 축적되는 것이다.

 삶을 살아가는 모든 장면에서 우리는 모두가 질문을 하고 질문을 당하며 모두가 대답을 할 때 배움이 일어나게 된다[4]. 성장과 발전을 위한 생명력을 유지시켜 주는 배움을 위해 '나는 지금 어떤 물음과 씨름하고 있는가?'를 언제나 살펴볼 필요가 있다[10]. 그것이 지금 이 순간을 가장 충실하게 사는 것이며 현재의 나를 알아차리는 것이다. 현재의 나를 알아차려야 미래의 올바른 나를 만들어 가는 '배움'을 발견할 수 있을 것이다.

03 | 배움의 장면

삶에서 배움은
스며들고 겪어 내면서 생성되고
한 방에 인식의 틀이 바뀌기도 한다

"배움은 '내 마음과 몸에 새기고 지우고 다시 새기는
수많은 반복적 사고와 행동으로 배어드는 과정'이다"

스며드는 배움

대학시절 공사현장에서의 경험은 삶의 의미를 발견하게 하였다. 삶의 의미 발견이 내면의 깊은 배움이라면, 공사현장에서 일꾼으로 되어 가는 과정은 스며드는 배움의 과정이었다. 조직이나 공동체의 구성원들은 처음에는 '이방인'으로 시작해 시간이 지나면서 핵심으로 자리 잡는다. 즉 주변인에서 참여자가 되어 핵심 구성원으로 점점 스며들어 간다. 이렇게 어떤 공동체에 스며들어 가는 과정에서 많은 배움이 일어난다. 처음에는 그 공동체의 언어로부터 시작해서 관행과 습관 그리고 비전과 미션에 따른 신념과 가치관과 같은 정신 모델(Mental Model)까지 몸과 마음에 스며들면서 배우게 되는 것이다.

공사현장에 처음 일하러 갔을 때, 몸이 힘든 것보다 더 큰 문제는 언어를 몰라서 다른 사람들과 소통하지 못하는 것이었다. "오비끼 여기에 열 개만 가지고 와서 세워 놓고, 아시바 타고 이 벽에 있는 반생이 따는 작업을 해 주게!", '오비끼?', '아시바?', '반생이?' '이것들은 무엇에 쓰는 물건들이고 어떻게 생겼는지?' 나는 전혀 알아듣지도 못하는 외계어가 난무하여 어리둥절할 뿐이었다(참고: 오비끼는 가로/세로 10~15cm, 길이 3~4m 정도 되는 사각형 통나무 기둥, 아시바는 파이프 모양의 비계, 반생이는 콘크리트를 양생할 때 콘크리트가 흩어지지 않게 함께 넣는 철사이다. 공사 현장에서의 용어는 주로 일본말이었다). 그러나 시간이 지나면서 자연스럽게 언어를 알아듣게 되었고, 그렇게 다른 사람들과 소통하게 되었다. 어떤 사회나 공동체든 언어의 습득이 사회화 과정의 시작이다.

조직이나 사회에서 언어를 습득하고 생활하면서 그 사회의 행동양식과 신념 그리고 문화가 스며들게 된다. 다시 말해서 사회적 맥락이 관련을 맺어 가는 방식으로서 자신의 환경과의 접속방식이 바뀌면서 배움이 일어나는 것이다. 이는 앞에서 '삶은 앎으로 되어 가는 과정'이라고 이야기한 것처럼 삶 속에서 앎을 통해 존재하는 방식이 변화된다고 할 수 있다[8]. 이를 '상황학습'(Situated Learning)이라고 하며, 이방인에서 초심자가 익숙해지면서 배움을 통해 핵심구성원이 되어 가는 과정을 '합법화된 주변적 참여'라고 한다.

우리는 자신도 모르는 사이에 자신이 속한 조직이나 사회에 자연스럽게 스며들면서 배운다. 즉 함께하는 사람들과 시공간을 함께하면서 의식하지 않아도 자연스럽게 배움이 일어난다. 그래서 좋은 것을 배우고 더 나은 모습으로 성장하기 위해서는 좋은 공동체에 적극적으로 참여하는 것이 필요하다. 자기 계발 강연가이자 작가인 짐 론(Jim Rohn)이 "우리는 대부분의 시간을 함께 보내는 다섯 사람의 평균이다."라고 이야기한 것처럼, 우리의 주변인들 모습에서 나의 모습을 발견할 수 있다. 여러분 주변에는 어떤 사람들이 있는지 살펴보기 바란다. 그 사람들이 여러분의 모습이다.

겪어 내는 배움

공사현장에서의 스며드는 배움은 경험의 시간 속에서 직접 몸으로 체험함으로써 습득되었다. 즉 직접 겪어 낸 환경에 대한 상호작용을 통해 의미를 발견하고 언어와 행동을 습득하게 된 것이다. 그렇다면 경험이란 무엇인가? 세상에서 공부를 가장 좋아한 사람이라고 일컬어지는 프랑스의 가톨릭 신학자이자 철학자인 앙토냉 질베르 세르티양주(Sertillanges. A. G., 2013)는 "경험은 습득한 것을 천천히 가다듬고 기억을 통해 고정하는 감각작용의 산물이라고 한다."라고 했다. 다른 말로 하면, '근육 기억'으로서 무언가를 행함으로써 '느낌'을 통해 무언가를 하는 법을 배우는 것이다.

나는 농구를 좋아해서 20대 초반부터 농구클럽에서 주말마다 운동을 하곤 했다. 키가 크고 달리기는 빠른 편이었지만 유연성이나 운동신경이 뛰어나지는 않아서 실력이 부족하다고 느꼈다. 부족한 농구 실력 때문에 때로는 그만두고 싶기도 했지만, 친구들과 보내는 시간이 즐거워서 빠지지 않고 참여했다. 운이 좋게도 함께 운동하는 친구들이 선수 출신이 많아서 20년을 함께하다 보니 농구 실력이 나도 모르게 향상되어 있었다. 클럽팀들이 정식 시합을 할 때면 실력자들 사이에서 주눅이 드는 일은 어쩔 수 없었지만 말이다. 그러던 즈음 근무지가 지방으로 변경되면서 더 이상 농구를 할 수 없었다.

몇 년 후 본사로 복귀하자마자 사내 농구 동아리를 다시 찾았다. 오랫동안 농구를 못 해서 걱정스럽긴 했지만, 직원들과의 화합에 의미를 두고 일주일에 한 번씩 퇴근 후에 체육관으로 향했다. 그런데 농구코트에 서서 공을 다시 잡는 순간, 20여 년 동안 클럽에서 단련되었던 농구 세포와 근육이 되살아나며 무의식 중에 몸이 자동으로 움직이는 것을 느꼈다. 더욱이 직장동료들은 선수 출신이 아니었기 때문에, 나는 회사에서 농구 실력자로 변모해 있었다. 이후 직장인 농구 시합에서 최다 득점은 물론 경기 MVP와 리그 올스타에 뽑히기도 했다. 수년간 농구를 하지 않았음에도 불구하고 과거의 경험을 통한 배움과 근육의 기억은 몸에서 쉽게 잊히지 않았던 것이다.

영화 〈메트릭스〉에서 "길을 아는 것과 그 길을 걷는 것은 분명히 다르다."라는 대사가 나온다[11]. 이는 '지도는 영토가 아니다'라는 이야기와 의미가 통한다. 즉 관념적 배움을 넘어 직접적인 경험을 통한 배움이 진짜 배움이라는 것이다. 콜브(Kolb, 1976)는 '경험학습'(Experiential Learning)이론에서 "학습이란 경험의 변형을 통한 지식의 창조 과정이다."라고 하였다. 사람마다 같은 경험을 해도 배움의 크기와 내용은 다르다. 이는 다음과 같은 콜브의 경험학습이론의 과정 속에서 같은 경험도 사람마다 다르게 체험하고 해석할 수 있음을 알 수 있다.

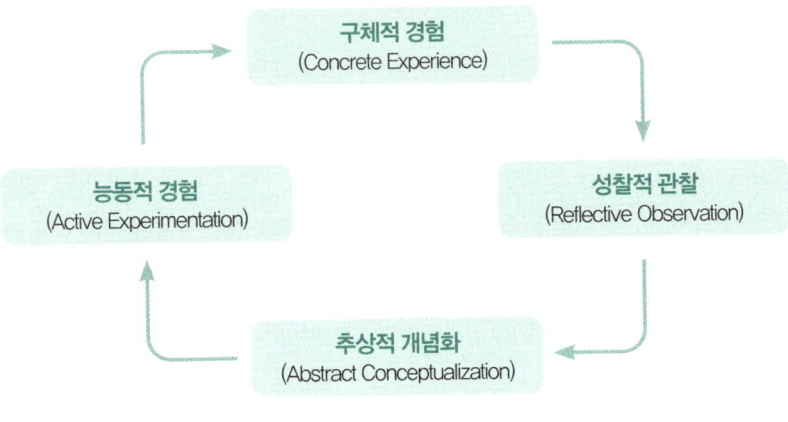

[그림 2] 콜브(Kolb)의 경험학습 과정

'구체적 경험'은 직접적인 체험을 통한 감각적인 학습이다[8]. 농구를 잘하기 위해서는 농구를 책으로 읽는 것보다는 직접 해 보고 느끼는 것이 중요하다. '성찰적 관찰'은 직접 경험하고 행한 것들에 대해 반성적인 접근을 하는 것이다. 슛이 득점으로 연결되기 위해서는 공을 던지는 힘 조절과 날아가는 포물선 등을 반성적으로 성찰하면서 자신의 행동을 관찰해야 한다. '추상적 개념화'는 성찰한 내용을 분석하고 논리적 개념으로 이해하여 일반화하는 학습이다. 자신의 슛 쏘는 모습에서 반성적 성찰을 통해 개선점을 찾아 무엇을 어떻게 바꿀지 정리해 보는 것이다. 마지막 능동적 실험은 분석한 내용을 바탕으로 이런저런 실험을 하면서 직접 시도해 보고 타당성을 확인하는 것이다. 어느 정도 자신의 슛에 대한 문제점을 발견하고 개선 사항을 찾았다면, 이제는 충분한 연습으로 실전에서 효과가 있는지 확인해 보는 것이다.

경험학습은 경험이라는 '행함'이 맥락 속에서 어떤 의미를 갖는지 관심을 기울이는 것이다. "관우의 청룡도를 얻었다고 해도 연습이 없으면 그것은 아직 '관념'이다."[12]라는 말처럼 배움이 관념으로만 끝날 때, 우리의 배움은 한계가 있다. 또한 삶의 경험을 성찰적 관찰 없이 흘려보낼 경우 배움을 얻기는 어려울 것이다. 그러나 우리의 무의식은 어제의 경험을 오늘 깨닫게 하여 배움을 얻을 수 있게 한다. 언제나 삶을 경험하면서 반성적으로 성찰하고 배울 수 있는 습관이 더 많은 배움을 가져오고 우리를 성장시킬 것이다.

틀 바꾸는 배움

"인생을 절반쯤 살았을 무렵, 길을 잃고 어두운 숲에 서 있는 내 자신을 발견했다. 그 거칠고, 가혹하고, 준엄한 숲이 어떠했는지는 입에 담는 것조차 괴롭고 생각만 해도 몸서리 쳐진다. 죽음도 그보다는 덜 쓸 것이다…"
-「신곡」

직장 생활을 15년쯤 해오던 40대 중반 어느 날, 나는 유럽 여행 중에 스위스의 융프라우에 간 적이 있다. 융프라우 정상에 서서 빙하를 바라보며 너무도 작아지는 내 모습과 세상에 당당하게 마주 선 나의 커다란 모습이 교차했다. 세상살이로 인한 머릿속의 복잡함은 사라지고, 고요한 적막 속에 온전히 나만을 홀로 가슴으로 남게 했다. 어느 정도 시간이 흐른 후, 심장의 이성은 지금까지 막연하게 열심히 살아온 삶에 대해 반성적 성찰을 하게 하였다. 내 안에 잠자고 있던 배움에 대한 결핍 내지는 열망이 올라오기 시작한 것이다. 남은 여행 기간과 집으로 돌아오는 시간 내내 배움에 대한 열망은 사라지지 않았다.

그 배움에 대한 열망은 학교와 직장에서 성취를 위한 노동으로서의 '공부'가 아닌, 즐겁고 행복한 '배움'으로 나의 미래를 이끌기 시작했다. 기존의 고정관념이 가진 인식의 틀이 바뀌는 순간이었다. 기존에 성취와 여가로 소비했던 대부분의 삶의 시간을 즐거운 배움의 시간으로 완전히 탈바꿈하게 되었다. 머무는 장소와 시간은 물론, 만나는 사람도 배움과 관련된 것으로 바뀌었다. 막연한 배움의 길은 언제나 새로운 길로 안내하였고 나침반처럼 진북을 향하여 스스로 길을 찾아가고 있다. 그 길의 끝이 어디인지 명확하지는 않지만 그 길을 가는 여정자체가 행복하기 때문에 크게 중요하지는 않다.

가장 큰 배움은 어떠한 경험과 사건 속에서 사고의 틀이 바뀌는 것이다. 즉 세계관이 바뀌고 그로 인해 삶이 탈바꿈되는 것이다. 이는 어쩌면 미국의 심리학자 크럼볼츠(Krumboltz) 박사가 이야기한 '계획된 우연' (Planned Happenstance)처럼 불현듯 찾아온다. 개인의 '틀 바꿈'은 그의 삶을 '탈바꿈'시킬 수 있는 강력한 배움이다. 앞에서 서술한 겪어 내는 배움은 경험의 순간에 이루어지기도 하지만, 경험 후에 시간이 흐르면서 그동안 쌓여 왔던 다른 경험들과 함께 자신의 내면에서 정제되어 한 방에 인식의 틀을 바꾸는 틀 바꿈의 배움으로 오기도 한다. 이를 '전환학습' (Transformative Learning)이라고 한다. 전환학습이란 신념체계나 세계관이 기존과는 다르게 바뀌는 것으로 기존의 인식을 뒤집는 폐기학습(un-learning)과 비판적이고 성찰적인 시각을 수반한다[8].

배움의 장면은 언제나 우리의 삶 속에 있다. 인간 세상에 접속하는 순간부터 우리는 공동체의 주변인에서 핵심으로 스며들면서 배운다. 또한 스며들며 경험하는 여러 가지 사건들을 겪으면서 성찰하고 추상화하며 다시 새롭게 시도하여 배움을 만들어 간다. 일정한 시간과 경험 속에서도 배우지만, 우리는 한 사건을 통해 인식의 틀이 완전히 바뀌면서 배우기도 한다. 이 밖에도 인간은 성장하면서 생애발달 단계에 따라 배움의 의미가 달라진다. 또한 경계를 넘나들며 낯선 것을 마주할 때 새롭게 배우고, 의심하지 않던 기존의 삶의 세계에 비판적인 문제의식을 가지면서 배운다. 그렇게 배움을 통해 우리 앎의 세계는 확장되어 가는 것이다.

04 | 배움의 정체성

> 배우는 사람은 삶의 수동성을 극복하고 능동적인 주체성을 통해 존재의 영역을 확장한다

"세상은 강자와 약자, 또는 승자와 패자로 구분되지 않는다. 다만 배우려는 자와 배우지 않으려는 자로 나뉠 뿐이다."

– 정치학자 벤자민 바버(Benjamin Barbar)[13]

배우지 않는 사람

배움이 인간의 본능임에도 불구하고 많은 사람들이 배우지 않으려는 이유는 무엇일까? 배움은 많은 에너지가 소모되기 때문이다. 특히, 나이가 들어가면서 배움을 통해 변하려 하지 않고 기존의 관습에 의존하는 것은 에너지 소비가 덜 하기 때문이다[14]. 성인들은 가족과 직장 등 사회적 책임을 수행하는 데서 자유롭지 않다. 배우기 위해서는 시간적, 경제적, 체력적, 심리적인 여유가 필요하지만 자신에게 이를 쉽게 허락하지 못한다. 아이러니하게도 인간은 생각하는 동물이지만 가장 싫어하는 것도 생각하기이다. 자신의 생각과 행동을 반성하고 배움을 통해 변화하는 것에 대해 무의식적인 거부감을 가지고 있다. 즉 배움에 대한 거부감은 심리적인 여유의 부족과 생각하기 싫어하는 것이 가장 큰 이유일 수 있다[6].

또 다른 이유는 배우지 않기 때문에 자신의 무지를 인식하지 못하거나, 배움을 통해 자신의 무지가 드러날 것이 두려워 배우려 하지 않는 것이다.

이는 무지할수록 자신의 무지를 인지할 수 없어 자신감을 더욱 불러일으킨다는 '더닝 크루거 효과'(Dunning‐Kruger effect)로서 무지함에도 불구하고 우리가 당당할 수 있는 이유이다[11]. 흔히 하는 이야기로 '무식하면 용감하다'라는 것이다. 그러나 무지의 시간이 길어지면 길어질수록 인간으로서의 생명력은 그만큼 단축된다. 김영민 교수의 다음과 같은 비유는 더욱 충격적이다. "유충 시절에 물속을 떠다니는 멍게는 뇌가 있지만, 성체가 되어 적당한 장소에 고착된 멍게는 자신의 뇌를 먹어 버린다."[14]

배우는 사람

배우기 위해서는 에너지가 소모되고 힘이 듦에도 불구하고 사람들은 왜 배우려고 하는 것일까? 이 글의 서두에서 배움이 인간의 본능이기 때문이리는 당위성을 제시하였다. 그러나 본능의 당위성을 넘어 사람마다 배우려는 사람과 배우지 않으려는 사람의 편차가 너무 크다. 배움의 편차가 큰 이유는 사람마다 자신이 처한 상황과 맥락이 다르기 때문이다. 따라서 사람마다 배우는 내용도 달라진다. 일본의 사상가로서 「스승은 있다」를 저술한 우치다 타츠루는 그래서 배움은 창조성과 주체성을 가지고 있다고 한다[15].

배움은 "너 자신을 알라!"라는 소크라테스의 언명처럼 자신이 무엇을 알고 무엇을 모르는지를 인식할 수 있는 '메타인지'(Meta Cognition)로부터 시작된다[11]. 배움은 '앎의 주체'(Knower)라는 정체성을 부여해 주기 때문에 배우려는 사람만이 배울 수 있다. 같은 경험과 자극에 노출되어도 배우려는 사람과 배우지 않으려는 사람의 지식과 지혜는 차이가 클 수밖에 없다. 또한 언제나 배우는 사람들은 '박식한 무지'로 인해 더욱 배우려고 한다. 배움은 자기 존재의 영역을 확장하는 것으로 영역을 확장하면 확장할수록 무지의 영역에 접하는 면은 더욱 커지기 때문에 더욱 배울 것이 많아지는 것이다.

배움은 삶의 면적을 넓히는 것으로 배운 만큼 세상과 관계를 맺고 삶의 정체성이 만들어진다. 그것이 전문적인 지식과 기술이 되었든, 생활의 지혜가 되었든, 삶의 태도가 되었든, 사람 간의 관계가 되었든 삶의 경험 속에서 성찰하고 성장하며 온전한 나의 정체성으로 성숙해지는 것이 삶과 앎으로 되어 가는 '사람됨'의 모습이다.

6 Chapter
성찰하는 인간: 거울을 볼 수 있는 용기

서정현
행복성장연구소 대표 코치

"

온전하게 나의 삶을 잘 살아 내고 싶다면 무엇을 해야 할까?
의식적인 노력이 필요하다.
외부 자극에 반응하면서 마음이 흔들리고 있다면 잠깐 멈춰서 내 안을 들여다보자.
그것이 나를 위한 성찰이다. 성찰한다는 것이 무겁고 어렵게 들린다.
어떻게 해야 하는 것인지 검색해도 특별한 답이 없다.
사이 '간'에서 시작하는 것을 말해 본다.

"

01 | Dream, 꿈이 뭐예요?

미래는 불확실하다.
그래서 꿈꿀 수 있는 것이 아닐까?
내가 꿈꾸는 미래, 진짜 나의 것인가?

불확실한 미래

"꿈이 뭐냐고 물어봐서 만나지 않았습니다."

K는 성실히 하루하루를 살아 내고 있는 30대 청년이다. 그녀를 만나기 전까지 K의 삶에 특별한 문제는 없었다. 친구의 소개로 만난 그녀가 K에게 했던 질문이 있기 전까지는 말이다. "꿈이 뭐예요?"

K는 그 질문이 매우 불편했으며, 마땅히 답을 찾지도 못했다. 그녀와의 불편한 만남은 그렇게 짧게 끝났다. 그렇게 그 질문이 K의 삶에 들어왔다. K는 시간이 지나도 그 질문에 답하기가 어려웠다. 단지 불편한 감정만이 남아 있다고 했다. '꿈이 뭐냐고?'

꿈이 뭐냐고 물어보면 어떤 생각이 올라오는가? 어린 시절, 누군가가 나에게 꿈이 뭐냐고 물어보면 선생님이나 경찰관 같은 직업적인 꿈을 말했던 기억이 있다. 지금 시대의 아이들에게 질문을 하면 다를까? 유튜버라고 말하는 새로운 직업군이 생겼을 뿐이다. 직업이 꿈일까? 직업은 나의 여러 가지 페르소나 중 한 가지일 뿐이다.

'어떤 삶을 살고 싶은가?'

자신의 삶을 스스로 작사, 작곡, 노래할 수 있는 싱어-송라이터(Singer-Songwriter)가 되면 좋겠다. 싱어송라이터는 음악을 아끼고, 음악에 대한 이해도가 높으며, 자신의 음악적 성향에 맞춰서 곡을 만든다. 그리고 편곡하기 위해 다른 아티스트와 협업한다[1]. 개인의 삶도 그렇지 않을까? 자신이 살고 싶은 삶의 모습을 그려 가면서 관계의 도움을 받고 성장하고, 성숙해지는 것. 그것이 가능하기 위해서는 '직업'(業)보다 '삶'(生) 자체를 꿈꾸자고 말하고 싶다.

'미래에 집중하고 있습니다'

직장인 P는 아무리 생각해도 미래가 그려지지 않는다. 노후에는 여유 있게 살고 싶은데, 지금의 상황으로는 쉽지 않을 것 같다. 지금보다 노후를 생각하는 P는 돈을 모으는 것에 집중하기로 한다. 그리고 돈을 모으기 위한 2가지 방법을 모두 활용하기로 한다. 첫 번째 방법은 많이 버는 것이다. P는 평일 저녁 시간과 주말에 배달 아르바이트를 하고 있다. 번 돈은 투자에 집중한다. 많은 사람들이 투자로 돈을 버는 것 같다. 지금이라도 더 신경을 써야 할 것 같다는 마음이다. 두 번째는 나가는 돈을 막기로 한다. 불필요한 비용을 줄이기 위해 인간관계를 축소하는 것을 선택한다. 만나고, 외식하고, 선물을 해야 하는 관계와 시간을 줄이기로 한다. P는 현재보다 미래에 더 행복해지는 것을 선택하고 철저한 '파이어(FIRE)족'이 되기로 선언한다.

파이어(FIRE)란 '경제적 자립, 조기퇴직'(Financial Independence, Retire Early)의 첫 글자를 따서 만들어진 신조어다. 지출을 최대한 줄이고 저축 등을 통해 재정적 자립을 추구하는 것을 말한다.[2]

자기 중심을 가지고 선택과 집중을 하는 P에게 응원을 보낸다. 응원과 함께 '밸런스'라는 단어를 같이 주고 싶다. 두 가지 밸런스를 말하고 싶은데, 첫 번째 밸런스는 현재와 미래이다. 미래는 '아직 오지 않은 현재'이다. 결국 우리는 계속 현재를 살고 있다. 오늘 먹은 것이 내일의 내 몸을 만든다. 미래를 위해 현재를 희생하는 것이 아니라, 현재가 미래로 연결되는 것을 생각해 보자는 것이다. 두 번째 밸런스는 마음의 균형이다. 'FOMO 증후군'이라는 것이 있다. '소외되는 것에 대한 두려움'을 뜻하는 영문 'Fear Of Missing Out'의 머리글자를 딴 '포모(FOMO)'와 '증후군(Syndrome)'을 조합한 용어이다. 포모 증후군에 사로잡히면 현재 상황을 객관적으로 분석하지 못하고 시류에 편승하듯이 그릇된 선택, 극단적인 선택을 내릴 수 있다고 한다. 나를 중심으로 선택하는 것이 아니라, 남을 보면서 남들이 하니까 남들 하는 만큼 해야 한다는 불안감으로 무엇인가를 선택한 것은 아닌지 생각해 보자.

　우리가 미래를 생각하고 꿈을 꾸는 것은 '행복'이라는 단어와 연결된다. "행복은 기쁨의 강도가 아니라 빈도다." 행복을 연구하는 서은국 교수의 「행복의 기원」을 보면, 행복은 큰 한 방이 아니라, 작은 기쁨을 여러 번 느끼는 것이 절대적이라고 말한다. 행복은 감각을 통해서 느낄 수 있다. 현존하는 지금, 이 순간에만 가능하다. 인간은 행복하기 위해 사는 것이 아니라, 살기 위해 행복을 느끼는 것이라고 말하는 저자의 말을 되뇌어 본다[3].

나를 위한 피보팅

　K와 P는 자신의 삶을 열심히 살아 내고 있는 이 시대의 '우리'다. 이들의 이야기를 통해 우리가 공감하는 것은 지금의 현실이 매우 불확실하여 불안하다는 것이다. 세상은 계속 변하고 있다. 변화의 크기는 매우 크고, 빠르며, 예측하기 힘들다. 그래서 우리는 달린다. 루이스 캐럴(Lewis Carroll)의 소설 「이상한 나라의 앨리스」의 속편인 「거울 나라의 앨리스」에서는 앨리스가 붉은 여왕을 만나서 달리는 장면이 나온다. 아무리 빨리 달려도 제자리이다. 앨리스에게 여왕은 말한다. "당신이 할 수 있는 한 힘껏 달려야만 이곳에 겨우 머무를 수 있을 뿐이야. 만약 네가 다른 곳으로 가고 싶다면 적어도 이보다 두 배는 더 빨리 달려야 해!" 현상을 유지하기 위해서는 계속 달려야 하고, 다른 곳으로 가기 위해서는 더 빨리 달려야 한다는 것이다. 더 빨리 달리는 것도 좋지만 잠시만 멈춰서 생각해 보자. 어디로 달릴 것인가?

　행복한 삶을 위해 성찰한다는 것은 '제대로 달리기' 하는 것으로 생각해 볼 수 있다. 제대로 달리는 데 필요한 첫 번째는 목적지다. 어디로 달릴 것인지 방향, 목적지가 있어야 한다. 또한 삶의 목적지는 태어나면서부터 직선 코스로 정해지지 않았을 확률이 매우 높다. 100% 단언할 수 있다. 그래서 앞만 보고, 너무 빨리 전력 질주하면 '여기가 어디지? 나 여기에서 뭐 하고 있지?'라는 질문을 하게 되는 것이다. 주변을 둘러보면 전공과 무관한 일을 하고, 어찌하다 보니 여기에 있다고, 지금까지와는 다르게 살고 싶다고 말하는 사람들이 정말 많다. 목적지를 두고 주변을 살피면서 꼬불꼬불한 길을 긴 호흡으로 달릴 마음의 준비가 필요하다. 두 번째는, 현재를 알아야 한다. 나는 어디에, 어떤 상태로 있는가를 보는 것이다. 내가 달릴 수 있는 상황인지도 중요하다. 필요하면 멈추거나 걸어야 한다. 세 번째, 누구와 달릴 것인지를 살펴본다. 우리는 관계를 맺고 있다. 자기 자신과의 관계, 타인과의 관계, 공동체와의 관계를 봐야 한다. 관계는 우리가 생각하는 것보다 훨씬 더 복잡할 수 있다. 나는 가만히 있어도 주변의 사람들로 인해 내 삶의 모습이 바뀌기도 한다.

「트렌드 코리아 2021」에서는 '거침없이 피보팅하라'고 말한다. 피보팅(Pivoting)은 공을 든 채 한쪽 다리에 중심축을 두고 여러 방향으로 옮기면서 다음 플레이를 준비하는 것을 설명하는 농구 용어이다. 중심축을 두고 방향을 잡는 것이다. 소비 트렌드를 연구하는 김난도 교수는 피보팅의 중심축에 '핵심역량'과 '고객'이 있다고 말한다[4].

개인이라고 다를까? 내가 가지고 있는 핵심역량, 즉 강점이 무엇인지 확인하고, 자신과 연결되어 있는 관계와 역할을 점검해야 삶의 방향을 잡을 수 있다. 내 삶을 피보팅하기 위해서 알아야 하는 것은 '나'다. 지금 세상은 나에게 온전히 집중하는 시간을 갖기 어렵다. 진짜 나를 알기 위해 자신과 만나는 시간을 일부러 만들어야 한다. 그래야 방향을 설정할 수 있다. 그것이 바로 성찰이다.

02 | Reflection, 성찰이 뭐예요?

> 성찰은 타고 나는 것,
> 노력으로 잘할 수 있는 것,
> 진정성 있게 자신의 삶을 만들어 가는 것이다

용기 있는 행동

월트 디즈니 애니메이션 〈뮬란〉(Mulan)은 중국의 실존 인물 '화목란'의 이야기를 담고 있다. 주인공 뮬란이 가문의 명예를 위해 결혼을 해야 하는 상황에서 내적 갈등을 겪는 모습이 나오는데, 이때 나오는 OST가 〈Reflection〉이다. Reflection은 반사, 반영, 숙고의 의미를 담고 있다. 뮬란이 거울 속 자신을 보면서 스스로에 대해 생각해 보는 장면이 바로 '성찰'이다.

성찰이란, 자신의 마음과 생각을 들여다보는 것이다.
성찰이란, 자신의 말과 행동이 어디를 향해 있는지 살펴보는 것이다.
성찰이란, 해야 하는 것과 하지 않아야 하는 것을 알아차리는 것이다.
성찰이란, 더 나은 자신의 모습을 찾아서 변화하는 과정이다.

우리는 평소에 거울을 본다. 거울을 본다는 것은 자신과 마주하는 것, 더 나은 모습을 만들기 위한 것이다. 거울을 보는 1단계는 겉으로 드러난 현재 모습의 점검이다. 거울을 통해 보이는 나를 봤다면, 2단계는 보이지 않는 내면 자아(自我)를 보자. 자신의 눈을 통해서 자신의 내면을 보는 것이다.

사실, 내면을 들여다보는 것은 용기가 필요하다. 우리는 자신의 느낌과 생각을 읽다가 포기하거나 외면하는 모습을 보이기도 한다. 성찰한다는 것은 자신의 눈으로 자아(自我)를 보는 용기 있는 행동이다.

꼭 거울을 활용하지 않아도 좋다. 인간만이 가지고 있다는 메타인지를 활용하면 된다. 메타인지란 생각에 대한 생각으로 '상위 차원에서 내가 나를 보는 것'이다. 자기 생각의 프로세스를 위에서 내려다보듯 전체를 조망할 수 있다. 그리고 그 안에서 아는 것과 모르는 것, 해야 하는 것과 하지 말아야 하는 것을 살피고 반성할 수 있다. 결국 성찰은 인간만이 가능하다.

자아(自我)를 보는 용기 있는 행동을 하기 위해 3가지를 살펴보고자 한다. 자기성찰지능, 반성적 사고, 그리고 관찰이다. 이것은 자기성찰을 하기 위해 타고나는 것과 노력으로 할 수 있는 것, 집중해야 할 것을 살펴보자는 의미이다.

타고나는 것, 자기성찰지능

'지능'이라는 단어는 IQ(지능검사)를 떠올리게 한다. 1983년 미국의 심리학자 하워드 가드너(Howard Gardener)는 단일 지능 IQ를 비판하며 인간에게는 다중 지능이 있다고 주장한다. 「마음의 틀」(Frames of Mind)에서 발표한 다중지능(Multiple Intelligence) 이론을 정리해 보면 다음과 같다.

1. 인간은 다양한 지능을 타고난다.
2. 다중지능은 언어 지능, 논리-수학적 지능, 공간 지능, 신체-운동적 지능, 음악 지능, 자연주의적 지능, 대인관계 지능, 자기성찰지능의 8가지이다.
3. 개인마다 지니고 태어나는 지능의 구성은 다를 수 있다.
4. 여러 가지 지능은 개별로 작동되는 것이 아니라, 복합적으로 상호 협력하여 작동된다.
5. 자기성찰지능은 다른 지능을 활성화하는 역할을 한다.

다중지능에서 말하는 자기성찰지능은 자신을 이해하는 인지능력이다. 이 지능이 높은 사람들은 자신의 현재 상태, 즉 정서 상태나 자신의 강약점 등에 대해 민감하게 반응한다. 또한 목표를 세우고 이를 달성하기 위해 지속적으로 노력하는 특징을 가지고 있다. 자기성찰지능은 인생을 지혜롭게 설계하는 데 도움이 되는 지능이라고 한다[5].

다중지능과 부모의 역할에 관해 연구하고 저술한 토마스 암스트롱(Thomas Armstrong)에 의하면 8가지 지능을 노력으로 어느 수준까지는 계발시킬 수 있다고 한다. 특히나 자기성찰지능은 사춘기 시기에 가장 활발하게 작동되며 높은 수준까지 계발되면 자기 분야의 전문가로 성장할 가능성이 높다고 한다[6].

「EBS 60분 부모」 아동기 트라우마 내용을 보면, 부모의 자기성찰이 자녀 양육에 도움이 된다고 말한다. 부모의 불안정 애착이 아이에게 영향을 주기 때문에 자기성찰 하는 힘을 길러야 한다는 것이다. 부모 자신의 어린 시절이 현재의 자신에게 영향을 주고 있는 것이 무엇인지 살펴보고, 배우자와 자녀와의 건강한 관계를 만드는 데 필요한 행동을 찾는 성찰이 필요하다.

성찰을 한다는 것은 특별한 것이 아니다. 누구나 타고나는 것임을 사춘기를 경험해 본 사람이라면 모두가 공감할 것이다. 사춘기 시절, 우리는 삶에 대해 얼마나 많은 고민을 했던가.

이러한 자기성찰지능이 타고나는 것에 머무는 것이 아니라 계발할 수 있다고 하니 참 반가운 소식이다.

노력으로 할 수 있는 것, 반성적 사고

인간의 성장을 결정짓는 요소는 다양한 관점으로 볼 수 있겠지만, 그 시작점에는 '사고능력'이 있다고 믿는다. 사고한다는 것은 자연스럽게 그냥 하게 되는 것이 아니다. 주도적으로 하는 것이다. 주도적으로 생각하는 것은 변화의 시작이다. 미국의 심리학자이자 교육학자인 존 듀이(John Dewey)는 인간의 사고 중에서 가장 우수한 사고를 반성적 사고(Reflective Thinking)라고 말한다. 듀이가 말하는 반성적 사고란, 삶 속에서 곤란하거나 혼란스러운 문제가 발생하면 그 문제를 발견하고, 그 문제를 중시하고, 그 문제를 연속적으로 사고하는 것이다[7]. 자신의 언행에 대하여 잘못이나 부족함이 없는지 돌아보는 것으로 끝나지 않는다. 사고하는 단계를 제시하고 있다. 문제 상황에 봉착하는 단계를 시작으로, 그 상황을 이해하고 정리하는 단계, 문제 상황을 해결하기 위해 가설을 세우는 단계, 가설을 정교하게 다듬고 확인하는 추리의 단계, 마지막으로, 실행을 통해 가설을 검증하는 단계가 그것이다. 그리고 이 단계는 지속적인 '나선형 순환의 과정'(Spiralling Process)이라고 말한다. 순환의 과정에서 사고가 질적, 양적으로 계속 고양, 확대된다는 의미이다[8].

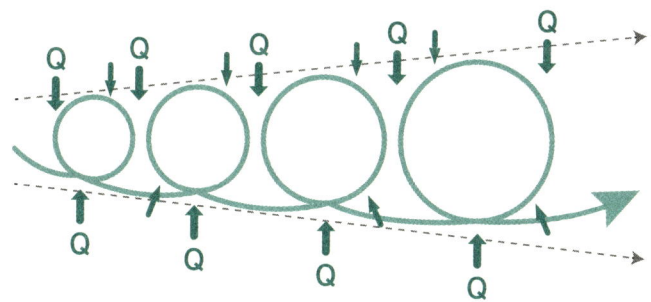

Q질문을 통한 단계별 생각이 나선형 순환 과정으로 사고가 확장되는 모습

듀이의 반성적 사고는 '문제해결 프로세스'다. 전통적인 문제해결 프로세스와 창의적 문제해결, 또한 최근 이슈가 되고 있는 디자인 씽킹(Design Thinking)까지 연결된다. 이것은 성찰한다는 것이 떠오르는 생각을 그냥 흘러가게 두는 것이 아니라는 것을 말한다. 생각하는 것을 의도적으로 노력해야 하며, 뇌가 단계별로 사고할 수 있도록 무엇인가가 있어야 한다는 것이다. 그것은 바로 '질문'이다. 질문은 생각에 자극을 준다. 각 단계에서는 '이거 뭐지?', '이렇게 하면 될까?', '이렇게 하면 어떤 상황이 벌어질까?' 등의 질문이 필요하다. 자신에게 하는 질문은 현명한 답을 찾는 과정에서 아주 중요한 도구이다.

집중해야 할 것, 관찰

리더십에 대한 연구가 끝이 없다. 회사 조직만의 이슈라고만 볼 수 없다. 자신의 삶에서 주인공은 바로 '나'이며, 그러기 위해 자신의 삶을 리딩해야 한다는 말을 우리는 많이 들어 보았다. 그 중심에 있는 단어가 바로 '셀프리더십'이다. 1980년대 후반, 만츠(Charles Manz)와 심즈(Henry P. Sims)가 발표한 셀프리더십은 스스로에게 영향력을 행사함으로써 자신의 생각과 행동을 변화시키는 과정이다. 더 나은 자신의 삶을 위해 성찰하는 것은 셀프리더십의 발휘와 연결된다.

셀프리더십에는 행동전략이 있다. 스스로 목표를 설정하고/ 자신의 행동을 관찰하고/ 목표를 달성하기 위해 환경을 조성하고/ 스스로 동기부여하고/ 목표 달성에 따른 자기 보상과 자기 비판을 하는 것이 그것이다. 성찰에도 이러한 행동이 필요하다. 셀프리더십의 행동 전략과 성찰을 연결했을 때, 집중해서 살펴보고 싶은 행동은 '자기 관찰'(Self-Observation)이다. 성찰에서 자신을 관찰한다는 것은 어떤 것일까?

'영화'(Movie)를 좋아하는가? 영화를 좋아한다는 것은 어떤 것일까? 혹은, 영화를 싫어한다는 것은 어떤 것일까? 영화는 개봉일에 무조건 본다/ 영화는 깜깜한 극장에서 봐야 제맛이다/ 팝콘과 콜라가 꼭 있어야 한다/ 영화 짝꿍이 있다/ 영화를 살리는 것은 OST다/ CG가 들어간 것은 진짜가 아니다/ 영화 평론을 하고 싶다/ 영화 제작 일을 하고 싶다 등 영화를 좋아하는 사람들을 보면, 각자의 이유가 다르다. 그에 따른 행동(목표)도 다르게 나타난다. 자신을 관찰할 때 키워드에만 머무는 것이 아니라 행동(DO)과 상태(BE)를 함께 보면 그 안에 숨겨져 있는 의미를 찾는 것이 조금 더 수월해진다.

성찰도 마찬가지다. 존재에 대해 성찰을 한다면, 자신을 바라보는 눈에 중립성을 가질 필요가 있다. 그저 연민의 눈으로 보거나 자기 비난의 눈으로 자책하는 것이 아니다. 원하는 존재의 모습, 삶의 목표를 가지고 현재를 보는 것이 필요하다. 행동 성찰은 주관성을 완벽하게 배제할 수는 없겠지만, 최대한 객관적인 눈으로 자신을 바라본다. 그 당시의 상황과 자신의 행동을 복기하면서 해야 하는 행동과 하지 않아야 하는 행동, 새롭게 시도할 수 있는 행동을 찾는다.

진정성(眞正性)과 성찰

성공이란 무엇일까? 그것은 성장, 행복, 긍정적 변화 등의 다양한 단어를 내포하고 있다. 개인마다 원하는 'TO BE'(되고 싶은)의 모습이다. 인간 심리 전문가 정혜선 소장은 성공한 사람들의 공통점이 있다면 그것은 '자기성찰'이라고 말한다[9].

'자기성찰'을 해야 할 때가 정해져 있을까? 삶에서 역할이 바뀌거나 추가될 때 성찰이 필요하다. 뮬란이 결혼을 앞두고 자신에 대해서 생각을 했던 것처럼 말이다. 학생이었다가 사회인이 되고, 누군가의 배우자가 되고, 부모가 된다는 것은 또 다른 페르소나가 추가되는 것이다. 어떤 모습의 페르소나를 원하는지 생각해 볼 필요가 있다. 불편한 감정이 올라왔을 때도 성찰이 필요하다. 내가 원하는 것이 무엇이었는지를 알면 불편한 감정을 내리고, 문제를 해결할 수 있다. 누군가의 말에 부정적인 반응을 하게 되는 나의 모습을 알아차리면, 나에게 해결되지 않은 숙제를 발견하게 된다. 내가 하는 말과 행동이 불편하다는 생각을 했다면 그것은 이유가 있는 것이다. 나의 마음과 의도를 정확하게 알기 위한 성찰을 통해 행동을 바꿀 수 있다.

'성찰'은 '진정성'이라는 단어와 연결하고 싶다. 진정성이란 자아를 발견하고, 자아가 가지고 있는 말과 행동을 하는 것을 말한다[10]. 즉 자신의 진짜 마음을 행동으로 옮기는 것이다. 지금 나의 삶은 진정성을 가지고 있는가? 우리는 진정성 있게 자신의 삶을 잘 살아 내고 싶은 욕구가 있다. 그것을 위해서는 먼저 나를 알아야 한다. 내가 원하는 삶의 모습을 만들어 가기 위해 용기 낼 필요가 있다. 내가 가지고 있는, 더군다나 계발될 수 있는 성찰지능을 활용해서 주도적으로 사고하고, 깊게 관찰하는 것이다. 나에 대해 호기심을 가지고 들여다보면 남이 만들어 놓은 세상의 틀에서 자동적으로 반응하고 수동적으로 끌려가는 것이 아니라, 진짜 자신의 삶을 살 수 있다고 믿는다.

03 | Begin, 성찰 어떻게 해요?

성찰을 시작하는 방법
3가지를 제안한다.
스몰 퀘스천, 페이지 기록, #오하운

스몰 퀘스천

'나는 누구인가?'

H는 의미 있는 삶을 사는 것이 매우 중요하다. "성찰하지 않는 삶은 살 가치가 없다."라는 고대 그리스 철학자, 소크라테스의 말을 생각하면서 성찰하는 삶을 살기 위해 노력한다. '삶의 의미는 무엇인가?', '나는 누구인가?' 자신을 아는 것이 중요하다고 생각하고 질문해 보지만 답을 얻기가 쉽지는 않다. 매일 밤, 눈을 감고 질문해 보지만 답답함만 올라온다.

나 자신이 어떤 사람인지 알기 위해 자신에게 질문을 하는 것은, 그 의도나 행동 모두 응원받을 일이다. 한 가지 생각해 볼 것은, 질문이다. 질문이 너무 어렵다. "당신은 어떤 사람입니까?"라는 질문에 즉답을 할 수 있는 사람이 얼마나 될까?

추천하고 싶은 질문은 자신의 모습을 관찰하듯이 답할 수 있는 질문이다. 질문은 자신의 모습을 돌아보기 위해 과거로 갈 수도 있고, 자신의 모습을 꿈꾸기 위해 미래로 갈 수도 있다. 그러나 질문이 어려우면 부담스럽다.

스몰 토크(Small Talk)는 어색한 분위기를 바꾸기 위한 일상적인 내용의 대화나 잡담을 말한다. 예를 들면, 날씨나 관심사, 근황을 이야기하는 것이다. 중요한 것은 스몰 토크가 단순하게 그냥 작은 것이 아니라는 것이다. 스몰 토크는 관계 속에서 존중을 표현하기 위한 행동이다. 당신과 함께 대화를 나누는 이 시간이 소중하고, 편안했으면 좋겠다는 의미가 담겨 있다.

누군가와 만나서 대화를 하는데, "당신은 어떤 사람인가요?"라고 무턱대고 물어보는 것은 상대에게 어려운 상황을 만들어 주게 된다. 첫 만남에 그렇게 물어보는 사람과는 가까워지기 어렵다. 자신과의 대화도 마찬가지이다. 우선은 나 자신과 친해지기 위한 스몰 퀘스천(Small Question)으로 시작하자. 스몰 퀘스천은 단어 그대로 작은 질문이다. 작은 질문으로 그 날의 나와 대화의 워밍업을 하면서 존중하는 대화로 이끌어 가는 것을 추천한다. 지금 바로 스몰 퀘스천(Small Question)으로 자신에게 물어보자.

'몸은 어때?', '지금 마음 날씨는 어때?', '혹시 신경 쓰이는 일 있어?'

페이지 기록

'내가 이런 사람이었구나….'

과거의 오늘, S의 루틴이다. 출근길 지하철에서 페이스북과 인스타그램에 올라온 과거의 자신에게 있었던 일을 확인한다. 추억을 돌아보는 재미라고 생각했는데, 기록된 글을 보면서 놀란 적도 많다고 한다. '그래, 이런 일이 있었지.', '맞아. 이런 생각을 했었는데, 지금은 놓치고 있었네.'

우리는 '생각'을 한다. 생각하는 것이 성찰일까? 모르겠지만, 생각이 많다고 더 나은 미래를 얻을 수 있는 것은 아니다. 생각이 많다는 것은 기분 좋은 공상을 하는 것이거나 막연한 불안감에 빠진 것으로 볼 수도 있다. 또한 생각이 많다는 것이 적금통장 입금내역처럼 축적되어 기록으로 눈에 보이는 것이 아니다. 떠오르는 생각이 나의 것인지, 내가 바라는 것인지, 꼭 필요한 것인지 알기 위해서는 확인해야 한다.

줄리아 카메론은 「아티스트 웨이」에서 '모닝 페이지'를 작성하라고 말한다. 모닝 페이지란 매일 아침 의식의 흐름을 종이 3장에 적는 것이다[11]. 무엇이라도 좋으니 떠오르는 생각을 페이지에 그냥 적는 것이라고 보면 된다. 멋있는 글을 쓰기 위해 작성하는 것이 아니다. 글을 잘 쓰고 싶다는 생각이 떠오르면, '글을 잘 쓰고 싶다….'라고 그대로 적는 것이다. 그것은 텍스트일 수도 있고, 이미지일 수도 있다. 모닝 페이지를 작성한 사람들의 이야기를 들어 보면, 시작은 불편했지만 자신의 내면과 만날 수 있었다고 말한다.

학창 시절, 방학 숙제로 일기 쓰는 것이 참 싫었다. 매일의 날씨가 왜 중요한지, 무슨 일을 했는지 선생님께 보여 줘야 하는 이유를 몰랐기 때문이다. 성찰의 기록은 누군가에게 보여 주는 기록이 아닌 자신을 위한 기록이었으면 한다. 기록은 '경청의 증거'이다. 상대방을 존중하고 이야기에 집중하기 위해 기록하는 것이다. 나의 이야기에 집중해서 내가 느끼고 싶은 감정, 되고 싶은 모습, 하고 싶은 것 등을 텍스트, 사진, 녹음 등 무엇이든 상관없다. 기록을 통해 내 생각과 경험을 모아 두는 것이다.

어려운 질문으로 힘들어 했던 H와 SNS를 하는 S에게 이렇게 말해 주고 싶다. 질문은 작은 것에서 큰 것으로, 쉬운 것에서 어려운 것으로 나의 생각을 확장할 수 있게 하자. 그리고 어려운 질문에 대해서 답을 해 보려면 적어도 눈은 감지 말자. 정신 똑바로 차리고 질문하면서 자신의 생각을 경청하며 기록을 해야 답이 눈에 보인다.

#오하운

K는 더 나은 미래를 꿈꾸기에는 현재의 불안감이 너무 커서 힘들다고 말한다. 무엇을 어떻게 해야 할지 차분히 생각하고 싶지만 불안해서 아무것도 하지 못하겠다는 것이다. 직장에 다니고는 있지만, 출퇴근만 겨우 하고 있다고 말한다.

'성찰한다'라는 말을 들으면 어떤 이미지가 연상되는가? 누군가는 명상하고, 누군가는 일기를 쓴다고 말한다. 대부분은 정적으로 생각에 머무는 것이라고 한다. 나 역시 마찬가지였다. 미래 계획을 세우고, 어떤 행동을 후회하고 반성하고, 나는 지금 무엇을 하고 있는 건가 하는 셀프 질문을 조.용.한. 공간에서 조.용.하.게. 심.각.하.게. 하는 것으로 생각했던 적이 있다. 잘될까? 생각보다 쉽지 않았다. 특히나 생각의 시작점이 불안감이라면,

생각의 범위를 확장하거나 깊어지는 것이 아니라, 불안이라는 감정에 더 깊숙하게 빠져 들어가는 느낌이다.

움직임이 필요하다. 불안한 자신의 마음에 대한 공감을 벗어나 수렁에 빠지는 것 같은 기분이 들면, 그 자리에서 바로 일어나자. 일어나서 운동화를 신는 것이다. 몸을 움직이면 어떤 점이 좋을까? 수렁에 빠져 있는 나의 시선을 밖으로 돌릴 수 있다. 호흡의 속도가 마음의 속도가 아닌, 몸의 속도에 맞춰진다. 근육이 이완되면서 긴장감을 풀 수 있다. 그렇게 되면 뇌가 생산적으로 다시 움직이게 된다.

COVID19의 시작점에는 '코로나블루', '확찐자'와 같은 단어가 많이 나왔으나, 지금은 몸과 마음 건강에 대한 이슈가 커지고, 인스타그램에는 #오하운, #런스타그램, #산린이 등의 게시글이 발견된다. 무기력함에 머물지 않고, 운동을 통해 건강한 삶을 찾아가는 모습이다. 성찰의 목적이 건강하고 행복한 삶을 만들기 위한 것이지 않은가. 성찰은 정적일 수도 있고, 동적일 수도 있다. 기억하자. 몸과 마음은 연결되어 있다. 몸을 건강하게 사용하는 것이 마음도 건강하게 움직이게 한다는 것이다. 건강하게 생각하기 어려울 것 같으면 우선은 산책, 걷기, 달리기를 먼저 하자. 나의 뇌가 건강하게 생각할 수 있도록 나의 몸을 사용하는 것이다.

04 | Inter, 사이에서 해요

> 내가 있는 그 공간(空間)에서
> 나를 위한 시간(時間)을 만들고
> 함께하는 사람(人間)을 통해서 나를 발견하다

사이 간

間, 사이 간은 門(문 문) + 日(날 일)이 만난 것으로, '문 안으로 햇빛이 들어오는 사이'라는 의미가 있다. '틈'이다. '빈틈이 없다'라는 것은 촘촘하게 메워져 있는 것을 말한다. 완벽하다는 의미로도 사용되지만, 답답함도 있다. 틈이 있다는 것은 여유, 여력이 있다는 것으로 생각해 볼 수 있다. 틈이 있어야 새로운 것을 볼 수 있다. 틈을 만들자.

내가 있는 그 공간(空間)에서 나를 위한 시간(時間)을 만들고, 함께하는 사람(人間)을 통해서 나를 발견했으면 좋겠다. 간간(間間)이.

시간(時間)

온전히 나만을 위한 시간을 얼마나 사용하고 있나? SNS에 올라온 글과 사진을 통해 다른 이들의 삶을 보는 것이 아니라, 자신의 글과 사진을 통해 내 생각을 들여다보는 시간을 말하는 것이다. 나의 내면을 보기 위한 시간을 일부러 만드는 것이다.

하루의 일정 부분을 자신에게 사용한다

매일 아침 '모닝 페이지'를 작성하면서 묵혀 둔 생각을 밖으로 꺼내고 새로운 생각들을 기록하면서 미래를 만든다. 모닝 페이지를 작성하면서 내 안에 있는 생각과 감정, 욕심 등을 발견한 경험이 있다. 그것은 놀라운 경험이었다.

저녁 시간 하루를 돌아보며 일기를 쓰기도 한다. 일기는 개인이 일상에서 경험했던 것을 기록하는 것이다. 그림일기, 관찰일기, 독서일기, 감정일기, 감사일기 등 다양하다. 일기를 쓴다는 것은 자신을 돌아보게 한다. 감사일기를 매일매일 페이스북에 올렸던 기억이 있다. 하루를 마무리하면서 감사한 일을 기록하는 것이 즐거울 때도 있었고, 생각보다 쉽지 않았던 때도 있었다. 중요한 것은 매일매일 감사한 일을 발견하고 기록했다는 것이다. 감사일기를 작성하면서 좋았던 것은 하루가 온전하게, 평온하게 마무리된다는 것이다. 그래서일까? 심리학자들은 감사일기를 쓰는 것이 행복에 도움이 된다고 한다.

온전히 혼자만의 시간을 약속한다

온전히 혼자만의 시간이란, 연결되어 있는 관계를 오프모드로 변경하는 것이다. 혼자만의 시간을 갖는다는 것이 외롭고, 두렵고, 불안할 수 있다. 그것은 '혼자'라는 단어가 갖는 부정적인 힘이다. 나의 에너지를 나에게 집중하여 온전히 나를 만나는 시간은 나를 충전시켜 줄 것이다. 약간은 기대감이 생기지 않는가? 약속이 생기면 캘린더에 기록하는 것과 같이 나와 만나는 시간을 미리 약속하고 캘린더에 메모하자.

매월 셋째 주 목요일은 나와 만나는 시간이었다. 캘린더에 노란색 펜으로 이렇게 적었다. 'me'(참고로 노랑, 옐로 색은 컬러 심리적 측면으로 '자아', '재미'와 관련 있다)

퇴근 후에는 무턱대고 걷거나 서점에 들르기도 하고, 영화를 보기도 했다. 휴가를 내고 춘천 가는 버스를 타기도 했다. 약속이 항상 지켜지지는 못했지만, 노란색으로 체크된 그 날에 무엇을 할까 생각하면서 기분이 좋았다. 그 시간을 보내고 나면, 다음 날 만나는 사람들이 더 반갑게 느껴지기도 했으니 필요한 시간이었던 것은 맞는 것 같다. 적어도 그때는 관태기(관계 + 권태기)가 오거나 자발적 아싸(아웃사이더)를 자처하지 않았던 기억이 있다. 소중한 나와 만나는 시간은 '시간이 나서 하는 것'이 아니라, 일부러 '시간을 내서 하는 것'을 추천한다.

공간(空間)

공간이 갖고 싶었다. 어린 시절 '내 방을 갖고 싶다'부터 시작이었을까? 어른이 되면 자연스럽게 공간이 생기는지 알았다. 돈이 있으면 가질 수 있다고 생각하기도 했다. '공간'에 대한 단순한 호기심으로 책과 논문, 유튜브 등을 보기 시작했다. 매슬로의 욕구 단계설, 안전의 욕구부터 심미적인 디자인 공간, 치유와 안정을 위한 공간, 생산하는 공간, 소우주라고 표현하는 인간의 몸 공간, 마음 공간 등 다양하게 이야기되고 있었다. 이 글을 쓰는 지금은 가상 공간, '메타버스'(Metaverse)가 한창이다. 공간은 실재적인 것뿐 아니라, 해석적인 의미로도 이야기되고 있다. 그래서일까, 김정운 교수의 「바닷가 작업실에서는 전혀 다른 시간이 흐른다」에서 알게 된 '슈필라움'(Spielraum)이라는 단어에 먹먹함을 느끼고, 자신만의 '심리적 공간'은 '물리적 공간'이 확보되어야 비로소 가능해진다[12]는 문구에 여러 번이나 밑줄을 긋게 되었다.

사회적 공간에서 나의 페르소나를 보다

성찰을 위해 살펴보고 싶은 첫 번째 공간은 사회적 공간이다. 나의 페르소나가 활동하는 곳이다. 「공간의 생산」에서 앙리 르페브르는 생산의 의미를 '깊은 곳에서 나오게 하다', '앞으로 인도한다'는 의미로 설명한다[13]. 사회적 공간은 자신과 자신이 속한 조직, 사회를 위해 생산활동을 하는 공간이다. 자신의 가치를 높이기 위한 곳이기 때문에 약간의 긴장감도 있다. 여기에서 할 수 있는 성찰은 대외적인 활동을 하는 자신의 페르소나에 대한 것이다.

'나는 어떤 역할을 하고 있는가?'
'어떤 사람으로 기억되고 싶은가?'
'○○ 역할을 하는 데 내가 잘한 것과 아쉬운 것은 무엇인가?'

페르소나는 누군가에게 받은 것일 수도 있고, 스스로 찾아낸 것일 수도 있다. 페르소나가 유지되는 기간은 역할마다 다르겠지만, 유지에는 나의 관심과 노력이 들어가야 한다.

힐링 공간에서 나의 감정을 보다

　힐링은 치유의 의미를 담고 있다. 여기에서 말하는 힐링 공간은 자신과의 속마음 토크를 통해 자신의 감정을 치유할 수 있는 공간으로 설명하고 싶다. '내가 웃는 게 웃는 게 아니야'라는 노래 가사가 낯설지 않을 것이다. 웃는다는 행위가 무조건 행복하다는 것은 아니다.

　현대의 직장인들이 일하는 모습을 '감정노동'이라고 표현한다. 예전에는 서비스업에서 일하는 사람들이 자신의 감정을 속이면서 고객 응대하는 일을 했기 때문에 감정노동자라고 불렀다. 그러나 이제는 많은 직장인이 자신을 '감정노동자'로 부르고 있다. 타인의 감정을 위해 자신의 감정을 조절하면서 일을 하고 있기 때문이다. 여기에서 중요한 단어는 '조절'이다. 조절은 알아야 할 수 있는 것이다. 무조건 참는 것이 아니다. 내가 느끼는 감정의 실체를 만나야 한다.

　　'○○ 상황에서 내가 느낀 감정은 무엇인가?'
　　'○○ 감정에 담긴 나의 지혜는 무엇인가?'

　내 마음이 안전할 수 있는 힐링 공간에서 자신의 감정을 측정하고, 그 원인을 발견하여 나를 행복하게 만드는 것과 불편하게 만드는 것이 무엇인지 알아내는 것이 중요하다. 진짜 내 감정을 알아야 스스로 관리할 수 있기 때문이다.

휴식 공간에서 나의 감각을 보다

  휴식은 말 그대로 쉬는 것이다. 휴식 공간은 나의 행동을 멈추고 나의 몸을 관찰하는 공간으로 설명하고 싶다. 특별한 기계의 힘을 빌리지 않고, 자신의 상태를 알아차릴 수 있는 것은 유일하게 내 몸밖에 없다.

  우리의 몸은 항상 긴장 상태이다. 한동안 소화제를 달고 살았던 적이 있다. 음식을 조절하고, 병원에 다니면서 소화에 온 힘을 기울였던 시기였다. 생각보다 오랜 시간 불편했다. 그때 추천받은 것이 몸과 대화를 해 보라는 것이었다. 어색하긴 했지만 어려운 일이 아니라는 생각이 들어서 밤에 누우면 몸과 대화를 하기 시작했다.

  '괜찮아? 괜찮으면 좋겠어. 너를 이렇게 힘들게 하는 것이 무엇일까?'
  '힘들게 버티고 있는 것 같은 느낌이야. 미안해'

  소화에 직접적인 영향이 있었다고 객관적인 자료로 설명하지는 못한다. 하지만 그때부터 나 자신을 조금 더 돌보게 된 것 같다는 말은 전할 수 있다.

인간(人間)

  우리는 사람 사이에 있다.

  나의 존재에 대한 궁금증이 올라온다면, 사람들 속에 있는 나를 관찰하는 것이 큰 도움이 된다. 현존하는 가까운 사람부터 과거 역사 속의 인물, 책 속의 가상 인물, 혹은 저자일 수도 있다. 그들과 대화를 해 보자. 꼭 만나지 않아도 대화를 해야겠다고 다짐하고 마음속에서 그를 부르고 인사를 나누면 자연스럽게 대화가 시작된다.

'책을 읽다가 작가님의 생각이 궁금해졌어요. 만약 작가님이라면 어떻게 하시겠어요?!'
'전에는 그렇게 말씀하셨는데…. 만약 지금 여기에 계신다면 뭐라고 하실까요?!'

대화 속에서 나를 발견하게 될 것이다. 대화의 과정을 살펴보면 내 생각을 볼 수 있다. 재미있는 것은 그 '생각'이라는 것이 나에게서 뚝딱 나온 것이 아니라, 주고받음 사이에서 만들어지고 계속 변하고 있다는 것이다.

내가 원하는 삶의 모습은 혼자가 아닌, 다른 사람과의 사이에서 꿈이 되고, 목표가 된다. 드라마 〈미생〉에는 명대사가 많은데, 메모해 둔 것을 하나 꺼내 본다.
"잊지 말자. 나는 어머니의 자부심이다. 모자라고 부족한 자식이 아니다."

나를 바꾸는 방법

일본의 경제학자, 오마에 겐이치는 「난문쾌답」에서 인간을 바꾸는 방법은 3가지라고 말한다. 시간을 달리 쓰는 것, 사는 곳을 바꾸는 것, 새로운 사람을 사귀는 것이 그것이다[14].

정답이 없는 세상이다. 다른 사람에게 답을 요구할 수도 없고, 누군가가 나에게 답이라고 알려 줘도 나에게는 정답이 아닐 수 있다. 그 어느 때보다 개인의 성찰이 필요한 세상이다. 남들이 사는 삶, 남들이 주는 답에 휩쓸리지 않기 위해서 중심을 잡을 필요가 있다. 잠시 멈추고 거울을 보면서 내가 꿈꾸는 나의 모습을 찬찬히 살펴보는 시간을 가져 보자. 정답은 아니어도 나만의 현명한 지혜를 찾을 수 있을 것이다.

7 Chapter
감성을 가진 인간

권인아
위드HRD 교육컨설팅 그룹 대표

> 우리가 이 시대를 살아가면서 더욱 인간다워지기 위해 노력한다면 무엇이 필요할까?
> 요즈음 사회의 관계적인 이슈를 보면 근본적인 문제는
> 나와 너가 이분화된 공감의 결핍에서 찾을 수 있지 않을까?
> '공감'은 단순하게 개인의 대화와 관계, 즉 삶 속에서만 힘을 발휘하는 것이 아니다.
> 공감이 기반된 창의적인 시도는 누군가의 삶을 편리하게 바꾸고,
> 환경에 대한 위기의식이 가미된 공감은
> 우리가 사는 지구를 더 긍정적인 방향으로 바꿀 수도 있다.
> 결국 내가 하는 말과 행동에 대해 인지적 공감과 정서적 공감을 함께 가져갈 때
> '내'가 아닌 '우리'로 가는 지름길을 찾을 수 있을 것이다.
> 생각이 아닌 행동으로 나아가자, 결국 실행이 답이다.

01 │ 이런 뉴스 들어 본 적 있나요?

연일 이어지는 반목과 대립의 뉴스 속
뿌리 깊은 갈등 상황들.
저만 불편하게 느끼는 건 아니지요?

주민 '갑질'로 경비노동자 숨진 지 1년⋯ 달라진 건 없다

2021년 6월. 한 온라인 커뮤니티에 '아파트 경비원입니다. 주차문제 시비로 5년 넘게 괴롭힘을 당하고 있습니다'라는 제목의 글이 게재됐다. 글쓴이는 아파트에서 일하는 경비원(A씨)으로 "더 이상 견디기 힘들어 글을 남기게 됐다."고 말문을 열었다. A씨는 "업무방해로 경찰에 신고도 해 보고 맞대응도 해 보았지만 시비가 붙었던 B씨는 '갑질'로 인한 벌금 1000만 원 낼 테니 끝까지 해 보겠다'고 말했다"며 "이 주민 때문에 일을 그만둔 대원두 10명이 넘으며 다른 경비원들도 언제 전화가 와서 트집을 잡고 괴롭힐지 불안에 떨고 있다."라고 호소했다. 그러면서 "본인 입으로 '앞으로 계속 괴롭힐 것'이라고 말했다. 제대로 된 대응도 못 해 보고 계속 당하고만 있어야 하는 점이 너무 참담하다."라며 "이런 식으로 괴롭힘을 참고 일해야 하는지, 우리가 정말 이토록 갑질을 당할 정도로 잘못한 일이 있긴 한 것인지 모르겠다."라고 말했다[1].

올해 '공동주택관리법 시행령' 개정안이 공포·시행됐다. 공동주택 관리 규약에 경비원 등 근로자에 대한 괴롭힘 금지 사항을 반영토록 했지만 갑질은 쉽사리 사라지지 않고 있다.

오토바이 '원천 봉쇄' 뿌리 박힌 갈등

아파트 지상 단지를 오가는 배달 오토바이를 두고 주민과 배달 노동자 간 갈등이 계속되면서 배달 노동자들이 대책 마련을 요구하고 나섰다. 2021년 8월. 한 서울 근교의 아파트에는 택배 차량의 진입이 불가능하도록 지상 통로를 막는 체인과 휠체어 등 개인 이동 수단만 통과할 수 있도록 설계한 곡선 형태의 구조물이 설치돼 있었다. 당초 이 아파트는 택배 차량을 제외한 오토바이와 승용차가 지하 주차장을 이용하도록 지침을 세웠다.

하지만 배달 오토바이가 지속해서 지상을 다니자 입주자 대표회의는 소음 유발, 교통사고 위험 등을 이유로 택배 차량을 비롯한 자동차의 통행을 전면 차단하기로 하고 3개월 전 이와 같은 구조물을 설치했다[2]. 그 밖에 신축으로 지어진 서울과 서울 근교의 또 다른 고가 주상복합 아파트는 입구에 오토바이 출입금지 표지판과 함께 지면에 가로 1m 가량의 봉 2개를 교차 설치하여 오토바이 출입을 막고 있었다.

코로나로 인해 외식보다는 음식을 배달해 먹는 비중이 높아진 지금. 오토바이를 활용해 식음료를 배달하는 배달기사와 일부 아파트 간의 갈등은 쉽게 해결될 기미가 보이지 않는다.

손수레로 이동하라고요?

2018년 한동안 연일 뉴스에 오르내리던 택배 기사와 주민들 간의 갈등. 아파트의 택배 배달 차량 지상 출입 통제로 빚어진 갈등이 수면 위로 드러난 이후 전국의 지상 아파트 곳곳에서 주민과 택배기사 간의 갈등이 이어지고 있다. 지하 주차장을 갖춘 아파트가 속속 들어서면서 아파트 내 안전의 이유로 지상에 차량 출입이 금지된 것이 발단이었다. 이에 일부 택배기사들은 지하주차장을 출입할 수 없는 기존 탑차 대신 높이가 낮은 저상차량으로 변경해 택배 업무를 수행해 왔지만 개인사업자가 대부분인 택배기사들이 고가의 차량으로 손쉽게 갈아탈 수는 없었다. 그러다 보니 차량 진입이 불가능한 곳은 손수레로 아파트 구석구석을 다니며 몇 배의 시간을 들여 배송하는 경우가 생기고 저상차량 또한 허리를 숙이고 택배를 꺼내야 하니 근골격계 질환을 유발하는 경우도 생겼다. 배달 오토바이에 비해 하루 배달 건수도 많고, 택배의 무게도 상당한지라 이렇게는 일할 수 없다는 내부의 동요 속에 택배 기사들이 급기야 아파트 입구에 택배를 산처럼 쌓아 놓고 집앞 배송을 하지 않으며 아파트 주민들과의 갈등은 극에 달하게 되었다.

"저기… 화면 좀 켜 주시면 안 될까요?"

2008년부터 기업교육 강사로 출강하고 있는 나는 코로나로 인해 복합적인 상황을 경험하고 있다. 코로나 초반인 2020년 2월부터는 잡혔던 모든 강의가 취소되는 경험을, 3개월이 지난 5월쯤부터는 비대면 교육이라는 온라인 강의 시장의 경험을. 그 누가 생각이나 했으랴. 집에서 강의 30분 전에 일어나 세수하고 내 방에서 강의를 진행하게 될 줄을!!

생각보다 길어진 코로나로 2년째 비대면 교육이 이어지는 현재를 기준으로 평가해 보자면 비대면 교육은 명확한 장단점이 있다. 우선 교육장까지 이동시간의 절감은 가장 큰 장점이다. 지역 강의의 경우 두 시간 강의를 위해 왕복 8시간을 운전하는 일이 허다했는데 이제 6시 강의를 마치고 바로 가족을 위한 저녁식사를 차릴 수 있다.

이런 놀라운 장점이 있는가 하면 '내 힘으로 어쩔 수 없는' 커다란 단점은 교육생 분들과의 상호작용 부분이 어렵다는 것이다. 우선 온라인 교육은 같은 공간에 있지 않으니 교육생분들의 참여가 절실하다. 그래서 최소한 비디오를 켜고 적극적으로 채팅에 참여해야 교육 효과가 높은데 그게 쉽지가 않다. 물론 기관과 참여자분들의 연령에 따라 차이는 있지만(강사의 강의력도 물론 영향을 미친다) 애초에 화면을 켜지 않거나, 채팅이 전혀 올라오지 않는 강의는 정말이지 몇 배나 힘이 든다. 참여자분들의 심증을 표정으로라도 읽을 수 없으니 바빠서 참여를 못 하시는 건지 재미가 없어서 안 들으시는 건지도 알 수가 없다.

강의를 위해 교안을 만들고 사례를 찾고 열심히 준비하지만 이렇게 무반응인 교육생분들을 만나면 때로는 직업에 회의까지 들기도 한다. 나의 노력에 공감하지 않고, 카메라가 꺼진 화면을 보며 강의하는 강사의 감정을 알아주려 하지 않는 상황을 어떻게 받아들여야 할까?

02 | '사회적인 공감력'이 이 시대에 왜 중요할까?

Sympathy(동정)를 넘어선 Empathy(공감)로 간다면? 공감이 사회에 미치는 긍정적인 영향은..?

나의 행동이 타인에게 어떤 영향을 주는가?

내가 무심코 한 말과 행동이 다른 사람에게 어떤 영향을 주는지 생각해 본 적이 있는가?

앞에서 살펴본 갑질 관련 소식처럼 우울한 뉴스는 예전보다 삶이 각박해져서 많이 전해지는 걸까? 아니면 매체의 발달로 그동안 지나칠 만한 일들이 세세하게 회자되는 걸까? 이유야 어찌 되었든 지금 우리의 곁에서 이런 일들이 비일비재하게 일어나고 있다는 것은 외면할 수 없는 현실이다.

내가 하는 행동이 다른 사람에게 어떤 영향을 미치는가를 알아야, 조금 더 구체적으로 뭘 원하는지 알아내려 하는 수고로움이 있어야 우리는 공존할 수 있다. 만약 그런 노력이 없으면 어떤 일이 생길까? 택배 갑질도 물류량을 증가시키는 노동력의 증가로 인한 손해를 내가 느끼지 못하니 무조건 자신의 입장만 내세우며 목소리를 높이는 것일 터, 즉 나의 편의가 더 중요하다. 경비원에게도 주차를 비롯한 나의 편리를 침해당한다 느끼면 그 즉시 분노를 표출한다. 서로 자신의 입장만 말하고 어떤 맥락에서 그런 상황이 발생했는지 알려 하지 않게 되면 갈등은 피할 수 없고 우리의 공존은 점점 더 어려워진다. 이러한 이슈가 집단에 대한 혐오로 번지는 건 시간문제이다.

　나는 사회 갈등이 왜 생기는가에 대한 본질적 문제를 우리의 '감성부족'에서 찾으려 한다. 감성[sensibility, 感性]의 사전적 정의는 이성 또는 오성(惡性)과 함께 인간의 인식능력을 뜻하며, 이 책에서는 '사회적인 공감력'으로 감성을 정의 내리고 이야기의 실마리를 풀어 나가 보려 한다.

Empathy vs Sympathy의 구분은?

　보통 Empathy는 우리말로 '공감', '동감' 또는 '감정이입'으로 번역하며, Sympathy는 '공감' 또는 '동정'으로 번역하여 사용한다. 문제는 우리말의 '공감'이 Empathy의 번역어이기도 하면서 Sympathy의 번역어로도 사용되기 때문에 두 개념에 대한 혼란이 더욱 가중된다는 것이다. 하지만 일반적으로 '공감'은 Empathy의 번역어로, '동정'은 Sympathy의 번역어로 비교적 널리 사용되는 추세이다[3]. 국립국어원 표준국어대사전에 따르면, 공감은 '남의 감정과 의견, 주장 따위에 대하여 자신도 그렇다고 느낌 혹은 그렇게 느끼는 기분'을 의미하며, 동정은 '타인의 어려운 처지를 자신의 일처럼 딱하고 가엾게 여기는 것'을 뜻한다. 사전적 의미로 볼 때, 공감과 동정은 명확한 차이를 가진다. 즉 공감이 다른 사람과 '같은 생각'을 갖거나 느끼는 것에 대해 말하는 것이라면, 동정은 타인의 불행이나 슬픔에 대해 안쓰러움을 느끼거나 가엾게 여긴다는 의미로 '3자적인 관점'에서 갖는 같은 느낌을 의미한다. 이렇듯 비슷해 보이지만 실상 두 단어는 다른 뜻을 담고 있는 셈이다.

자, 보다 더 명확한 정리를 위해 아래의 상황을 살펴보자.

Q. 빗속에서 벌벌 떨고 있는 아이를 발견했을 때 내가 느끼는 감정은?
- 공감: 마치 내가 밖에서 같이 비를 맞고 서 있는 것 같은 감정을 느끼는 것
- 동정: 비를 맞고 추위에 지친 아이가 안쓰럽다고 느끼는 것

이때 내가 아이를 보며 느끼는 감정이 Sympathy(동정)이 아닌 Empathy(공감)이라면 자신의 불편함을 무릎 쓰고 아이를 도울 수 있는 최선의 방법을 찾고 실행에 옮길 것이다. 실제 상황이라면 비가 내리는 밖으로 뛰어나가 추위에 떨고 있는 아이에게 옷을 벗어 주거나 자신이 갖고 있던 우산을 씌워 주게 될 것이다. 공감은 이처럼 타인과 경험을 공유하고 마음을 나누며 상대방의 입장에서 생각하고 배려하는 반응을 유발하는 역동적이고 주도적인 역량이다.

단지 '유감이야'가 아니라 '내가 당신이 되어 같은 감정을 느끼는 단계'가 된다면 우리 사회가 지금 안고 있는 사회적인 공감력 결여의 부분은 해소될 수 있지 않을까?

2021년 9월 진행된 소셜밸류커넥트(Social Value Connect: SOVAC)의 '미래의 인재의 핵심 DNA, 공감' 세션에서 정재승 교수(카이스트 바이오 및 뇌공학과 교수)도 이와 같은 맥락에서 공감을 바라보았다. 정 교수는 "공감은 지능이다. 자연스럽게 배우지 않아도 마음에서 저절로 일어나는

것이 아니라 잘 하려고 노력하고 뇌를 많이 써야만 가능한 프로세스이다."
라고 말했다[4].

정 교수는 공감의 프로세스를 두 가지로 정리했다. 하나는 타인의 관점에서 상황을 이해하고 해석하는 인지적 과정과 또 다른 하나는 인지적 과정 이후 자연스럽게 나타나는 감정적 과정이다. 정재승 교수의 이야기를 대입해 보자면 결국 우리가 타인에게 공감하지 못하는 것은 우리가 마주한 환경에서의 감정적 전이 이전에 타인의 입장이 되어 보려 하는 '인지적 노력'이 부족했기 때문 아닐까? 인지적 노력 없이 상황을 해석하니 중심에는 '나'라는 사람이 있고 결국 '나에게 좋은, 내가 편한, 내가 원하는'이라는 3가지 작은 시각에서 현상을 바라본 것이 아닐까? 내가 행한 말과 행동이 다른 사람에게 어떤 결과를 가져오고 나와 접한 타인이 어떤 감정을 느낄 지 생각한다면 우리는 그와 같이 행동할 수 있을까?

공감이 왜 사회문제 해결에 중요한가?

때때로 공감은 우리가 보지 못했던 소외된 사람들의 불편함을 덜어 주거나 크고 작은 사회문제를 해결하는 실마리를 제공하기도 한다. 1970년대 미국 사회의 주 소비층이 노인이 아니라는 편견이 팽배한 시기, 뉴욕 최고 디자인 회사의 디자이너였던 패트리샤 무어는 어릴적 할머니와 함께 자란 경험을 토대로 디자인을 노인들의 시선으로 바라보았다. 80대 노인으로 분장해 미국과 캐나다 전역을 돌며 3년간 노인들의 심리적, 신체적 특성을 이해하기 위한 '공감실험'을 진행 후 무어는 모두를 위한 제품(Universal

Design)을 만드는 데 기여하게 된다.

자신의 불편한 경험을 바탕으로 일반 가방은 바퀴달린 가방으로 변신시키고 힘이 약한 사람들도 쉽게 이용할 수 있는 주방용품을 만들거나, 노인들이 타기 쉬운 저상버스 등을 선보이는 등 모든 사람을 위한 편리한 제품을 만드는 데 힘을 쏟았다. 직접적인 공감을 통해 고객의 숨은 니즈를 파악한 패트리샤 무어를 시작으로 그 이후로도 많은 디자이너가 사회적 약자를 배려한 디자인 만들기에 동참하고 있다.

우리나라에도 멋진 사례가 있다. 석션 칫솔을 개발한 블루레이의 이승민 대표는 평소 봉사활동을 통해 느꼈던 뇌성마비 환자들의 불편함을 해소하기 위해 1년 6개월 동안 17번의 다양한 실험과 연구 끝에 환자들의 양치질 고통을 덜어 준 착한 아이디어 '석션 칫솔' 상품을 개발했다[5]. 그저 안타까운 마음으로 환자들을 동정한 것이 아니라 공감이 수반된 세심한 관찰과 창의성, 실행능력을 통해 실용적이며 멋진 제품이 탄생하게 된 것이다. 이 대표가 뇌성마비 환자들에게 공감이 아닌 동정만 가졌더라면 이런 아이디어 상품은 세상의 빛을 보기 어려웠을 것이다. 이렇듯 공감은 우리의 일상생활 속 주변에서 벌어지는 다양한 문제를 해결하는 데 긍정적인 '동기'가 되어 준다. 행동이 수반된 공감은 문제해결을 넘어서 사회 구조적인 문제에까지 영향을 미친다.

03 | 공감을 방해하는 요소는 바로 '이것'

집단적 이기주의와 확증편향, 인지부조화의 덫에 빠져 있나요? 혹시... 공감 '못 하는 것'이 아니라 '안 하는 것'은 아닌가요?

타인을 배려하는 도덕적인 개인 VS 집단적 이기주의자
Q. 한 사람이 위의 두 가지 정의에 동시에 속할 수 있을까? 당신은 지금 어디에...?

"개인적으로 도덕적인 사람들도 집단이 되면 이기적으로 변하는 양상을 보인다." 활발한 사회활동을 벌인 미국의 프로테스탄트 신학자 니버(1892~1972)는 「도덕적 인간과 비도덕적 사회」에서 개인적으로는 도덕적인 사람들도 사회 내의 어느 집단에 속하면 집단적 이기주의자로 변하기 쉽다는 내용을 말하고 있다[6]. 개인은 때때로 자신의 이익을 희생하며 타인의 이익을 배려할 수 있지만 집단에 속한 개인은 종종 민족적-계급적-인종적 충동이나 집단적인 이기심을 보여 준다는 것이다. 니버는 개인의 도덕과 사회-정치적 정의가 양립하는 방향에서 문제에 대한 해결점을 찾기 위해 노력해야 한다고 말했는데 여기에서 우리는 우선 집단적 이기주의를 주목해 볼 필요가 있다.

> **집단 이기주의(集團 利己主義)**
> 특정 집단이 다른 이들을 고려하지 않고, 자신들의 특수한 이익 추구에만 몰두하는 태도나 현상을 뜻한다.

지금 우리 주변에서 일어나는 수많은 대립 상황 중 각종 혐오(노인혐오, 여성혐오), 님비현상 등도 눈앞에 내가 처한 이익이나 나의 상황만을 고려하고 타인에 대한 배려나 공감, 이해를 위한 시도, 지금 내가 하는 작은 행동이 파급하게 될 영향에 대한 고민이 없기에 행해지게 되는 결과론적인 모습은 아닐까?

"우리는 왜 개인일 때와 집단에 속할 때 다른 선택을 하게 되는가?" 이러한 질문에 대해 이 글을 읽고 있는 '당신'은 어떤 생각을 하게 되는가? 집단이라는 익명성 속에서 때로는 너무나도 쉽게 판단에 대한 책임감을 내려놓지는 않는가? 그리하여 훗날 후회할 만한 판단을 내리지는 않았는가? 개인으로서의 나와 집단에 속한 일원으로서의 나는 그동안 어떻게 행동하고 결정해 왔었던가? 곰곰이 생각해 볼 일이다.

확증편향과 인지부조화

우리는 왜 소통을 하는가? 나의 생각을 표현하고 타인에게 공감하고 의미를 함께 공유하며 서로가 원하는 방향으로 나아가기 위해서이다. 하지만 그게 말처럼 쉽지는 않다. 요즘처럼 SNS가 발달한 시대에서는 사회의 분열을 조장하는 차별과 혐오, 편견으로 이어지는 '선택적 공감'이 훨씬 쉽게 활개를 친다.

트위터, 유튜브만 보더라도 '~카더라'라는 무책임한 글과 영상이 난무하고 어떤 사람들은 그런 허위 글에 열광하며 자신이 보고 믿는 것이 전부이며 진실이라고 여긴다. 자신의 가치관이나 태도, 신념에 부합하는 정보에만 주목하고 그 외의 정보는 무시하는 일이 지금 우리 주변에서 너무나도 쉽게 벌어지고 있는 것이다. 좀 더 이해하기 쉽게 비교 정리해 보자면 아래와 같다.

> **확증편향(確證偏向, Confirmatory Bias)**
> 영국 심리학자 피터 웨이슨(Peter Wason)이 1960년에 제시한 이론으로 자신의 신념과 일치하는 정보는 받아들이고 일치하지 않는 정보는 무시하는 경향을 말한다.
>
> **인지부조화(Cognitive Dissonance)**
> 신념과 '실제 일어난 일' 사이에 불일치가 발생한 상태로 이 경우 인간은 두려움과 고통을 겪게 된다. 따라서 사람들이 이 불일치를 제거하려 노력하게 된다.

확증 편향은 우리가 배타적인 태도를 갖게 하는 데 일조한다. 그런데 왜 이렇게 확증편향이 많아졌을까? 그리고 내가 가진 정보와 다른 관점을 가진 사람들, 다른 환경에 처한 사람들에게 공감하지 않게 되는 것일까? AI는 알고리즘에 의해 관심 갖는 정보를 순차적으로 연계해서 보여 주게 된다. 그렇다 보니 내가 관심 갖고 키보드 자판을 두드려 찾게 된 정보와 비슷한 정보를 계속 연결해서 보게 되고 이를 통해 점점 내 생각이 옳다는 확증편향이 생기게 된다. 이러한 과정을 통해 결국 '나의 생각이 옳다'는 확신을 갖게 되고 타인의 의견을 받아들이거나 이해하려 하지 않게 되는 상황을 마주하게 된 것이다.

실제로 나는 유튜브 초기화면이 나와 남편의 것이 다르거나, 같은 영상을 클릭했을 때에도 추천영상이 다르게 세팅되는 것, 그리고 인스타의 광고조차도 남편과 나에게 다른 정보를 알려 주는 내용이 뜨는 것을 보고 놀란 적이 있다. 결국 우리는 사소한 것에서조차 '내가 알고 있는 것과, 지금 보는 것이 다가 아니고 정답이 아닐 수 있다'는 태도를 가질 필요가 있는 것이다.

사람들은 확증편향으로 자신의 신념을 견고히 다져나가고, 한편으로는 인지부조화를 피하기 위해 노력한다. 인지부조화를 벗어나는 방법에는 3가지의 선택지가 있는데, 첫째, 내 의견과 다른 정보를 제공하는 정보를 외면하는 선택적 노출, 둘째, 내 의견과 다른 정보에 노출되었을 때 자신의 의견에 맞게 해석하는 선택적 지각, 마지막으로 내 의견과 다른 정보는 저장하지 않고 버리는 선택적 기억 등이 이에 해당한다.

확증 편향이 외적 일관성에 관한 것이라면 인지부조화 이론은 내적 일관성에 관한 것으로 둘 다 곤란한 상황을 만드는데 확증편향의 경우 신념(인지)을 끝까지 고수해서 문제가 되고, 인지부조화는 신념(인지)을 너무 일찍 꺾어서 문제가 된다고 볼 수 있다.

서울대 언론정보학과 이은주 교수는 우리가 이러한 미성숙한 사고방식을 벗어나 좀 더 고차원적으로 사고하기 위해서 주장에 대한 논리와 정확성 등 핵심적인 내용을 고려하지 않고 중요하지 않은 단서로 정보의 사실 여부를 판단하는 것을 조심해야 한다고 말한다. 사람들은 왜 이렇게 주변의 정보로 쉽게 사실여부를 판단하는 것일까? 이 교수는 많은 사람이 믿고 동의하는 것은 옳다고 생각하는 밴드 왜건 효과(Band Wagon Effect: 유행에 따라 상품을 구입하는 소비 현상을 뜻하는 경제 용어로 편승효과라고도 한다)와 많은 정보를 급하게 처리하는 환경을 그 이유로 들었다. 우리가 수동적인 혹은 선택적 공감에만 주력하게 된다면 결국 이는 차별과 편견, 혐오로 이어지는 지름길이 될 것이다.

정보의 홍수 속에서 우리는 능동적으로 정보를 분석하고 타인을 이해하려는 중립적이고 넓은 시야를 가질 필요가 있다. 또한 SNS의 발달로 하루가 다르게 뻗어나가는 허위정보의 범람을 규제하는 제도적인 장치도 보완되어야 할 것이다. 그리고 소셜미디어의 알고리즘 또한 사용자의 관심사항에만 커스터마이징할 것이 아니라 다양한 관점을 보여 주는 다름과 포용의 관점에서도 접근되어야 함을 주장해 본다. '아니면 말고' 식으로 검증되지 않은 정보를 올리며 여론몰이를 하는 사람들, 관심과 영향력이 돈이 되는 지금의 상황에서 우리 모두는 스스로의 행동에 대한 책임을 지기 위한 성숙한 시민의식을 가져야 할 것이다.

공감. 못 하는 것인가? 안 하는 것인가?

공감은 보통 대다수의 학자들에 의해 두 가지로 구분된다. 인지적(Cognitive)공감과 정서적 공감(Affective)이 바로 그것이다. 이 둘을 더 쉽게 정리해 보자면 인지적 공감이 상대의 상황, 감정 등을 '이해'할 수 있는가의 부분으로 본다면 정서적 공감은 말 그대로 정서적인 부분에 대한 것으로 상대의 마음을 '느낌'으로 아는 것이라고 볼 수 있다.

그렇다면 이 두 가지 공감이 모두 발현될 때와 둘 중 하나만 발휘될 때에는 다른 양상이 나타날 수밖에 없을 것이다. 예를 들어 인지적 공감이 발휘되어서 상대의 상황은 이해하지만 정서적 공감이 발휘되지 않아 같이 느끼지는 못하는 경우, 내지는 반대의 경우로 정서적 공감력이 높아 상대의 상황에 금세 동화되고 같은 감정을 느끼지만 인지적 공감이 부족해 상대가 처한 상황이나 처지는 이해하지 못하는 경우 이를 어떻게 해석할 것인가?

여기에서 조금 더 집중해 보고자 하는 부분은 인지적 공감능력은 높으나 동기가 부족해 공감능력을 발휘하지 않으려 하는 경우이다. 공감능력의 결핍이 아니라 '안 하려' 하는 경우, 공감능력의 부족이 아니라 공감이 요구되어지는 상황에 동의하지 않는 경우, 그래서 동기가 부족한 경우. 이 경우 우리는 이 동기를 채우라고 강요할 수 있을까? 아니면 이들이 동기를 찾을 수 있게끔 또 다른 교육을 진행해야 할 것인가?

실제로 나도 머리로는 이해했지만 '굳이 내가?'라는 생각에 마음이 가지 않아 공감하지 못했던 적이 여러 번 있었다. 그 당시에는 그런 상황 속에서 '내가 못된 건가?'라는 생각도 했었지만 훗날 공감을 위한 두 가지 요소 중 하나가 결핍된 상황이었기 때문이라는 것을 깨닫게 되었다. 이 글을 읽는 당신도 곰곰이 생각해 보면 이런 경우를 쉽게 찾을 수 있지 않을까?

나 하나쯤이야. 지구를 병들게 하는 공감의 부재

'사회적 공감의 또 다른 이름, ESG'

2021년 기업의 최대 화두는 ESG일 것이다. 이는 기업의 비재무적 요소인 환경(Environment)·사회(Social)·지배구조(Governance)를 뜻하는 말로 기업들이 재무적 이익이라는 1차원적인 존재 이유에서 벗어나 사회적 가치와 이해관계자들의 니즈를 경영활동에 반영하고 환경 및 사회 문제 해결에 적극 앞장서야 한다는 것을 뜻한다. ESG경영의 선두주자인 애플도 환경 문제를 넘어 사회 문제 해결에까지 발벗고 나서는 지금, 나는 이 글에서 한 걸음 더 욕심내 사회적인 공감력이 우리가 사는 지구의 환경에 미치는 영향력에까지 시선을 돌려 보려 한다.

자연이 보내는 경고등. 2019년 가을, 호수 골드코스트 인근 사라바에서 시작되어 무려 6개월 동안 이어졌던 사상최악의 산불 사태를 기억하는가? 그리고 호주 산불의 원인이 방화가 아닌 지구 온난화로 인해 발생했다는 사실을 알고 있는가? 이 산불로 인해 남한의 면적보다도 넓은 1800만 헥타르가 불에 탔는데, 이러한 엄청난 피해는 사람과 동식물의 부상 및 사망에 그치지 않고 경제적으로도 막대한 손해를 끼쳤다. 또한 산불로 인한 스모그의 발생으로 시드니의 공기 상태는 37개비의 담배를 피우는 것 같은 수준의 오염도를 기록하기도 했다. 이로 인해 폐질환과 천식 발생률 또한 10% 이상 증가한 것으로 나타났다. 미 항공우주국(NASA)은 이 산불로 인해 약 4억 톤 이상의 이산화탄소가 배출된 것으로 추정하고 있다. 이는 호주는 물론 전세계에 영향을 미쳤을 것이다.

산불이 이토록 수많은 피해를 발생시키며 6개월이라는 긴 시간 동안 지속된 이유로 대다수의 전문가들은 높은 기온과 극심한 가뭄을 꼽고 있다. 2019년 호주는 가장 덥고 건조했던 해로 관측되었다. 일 평균기온은 41.9도를 기록하였고, 강수량은 1900년도의 평균 강수량보다 40% 감소하였다. 이러한 변화들은 지구 온난화 등의 기후변화로 인해 발생한 것으로 결국 호주의 거대 산불은 인간에 의해 생긴 재난이라고 볼 수 있다.

이처럼 호주에서 일어난 산불뿐만이 아니라 이전에도 지구가 인류에게 보낸 많은 위험 신호들이 있었다. 영국과 북유럽의 폭염, 나이아가라 폭포를 얼어붙게 만든 기록적인 한파, 사하라 사막에 내린 눈, 아스팔트가 녹아내린 호주, 사라지는 펭귄 등 국제사회는 모두 공통적인 위기 상황에 처해 있다. 산불, 태풍, 미세먼지를 '기후변화'라는 키워드로 묶어 낸 윤진호 GIST(광주과학기술원) 교수는 국제 공동연구를 통해 기후변화로 초래된 여러 문제를 연구로 규명하고 있다. 그는 극한기상(Extreme Climate) 분야를 연구하며 지구온난화는 기후난민과 국가별 양극화를 초래하게 될 것이라고 말했다[7].

호주 산불이 단순히 지구 반대편 먼 나라에서 발생한 안쓰러운 재난이 아니라 환경에 대한 위기의식이 없다면 언제, 어느 나라에 사는 누구에게든 일어날 수 있는 일이라는 문제의식을 가져야 할 것이다. 우리가 일상생활 속에서 무심코 하는 행동이 지구 온난화에 기여하고, 그러한 작은 부정적인 사건들이 모여 하나의 작은 불씨를 커다란 불덩어리로 만들 수도 있다고 이야기한다면 너무 과한 상상일까?

04 | '감정적 공감'이 '실천적 공감'으로 이어지기 위하여

있으면 좋고 없으면 말고가 아닌 우리 모두의 노력으로 달라지는 세상. 결국은 배려

결국은 배려

아무리 지구온난화에 지구시민 모두의 책임이 있다 해도 와닿지 않는다면 먼저 작은 노력부터 해 보자. 우리 주변에 일어나는 문제 상황 속으로 눈을 돌려 보는 것도 좋다. 아파트 이기주의라는 인식으로 사회적 문제를 일으킨 택배배달기사와 아파트 간의 택배 갈등 속에서 직접적인 연관이 없는 사람들 중 대다수는 뉴스 기사나 사람들의 댓글로 상황을 판단하게 되고, 일부는 그러한 문제 상황을 관전하는 악플러가 여론을 형성했다. 또한 때로는 누군가와 그 사람이 처한 상황에 대해 쉽게 생각하고 그것을 '정의'라 생각하는 편향에 빠지게 되기도 했는데 모르는 사람과 인터넷상에서 정보상의 접점을 갖게 되는 시대에 내가 하는 말과 행동이 누군가에게 얼마나 불편함을 주는지 인식한다면 그렇게 쉽게 상처를 주는 댓글을 남길 수 있을까?

타인에 대한 배려, 환경에 대한 배려. 내가 하는 행동이 타인과 조직과 더 나아가 지구에 어떤 영향을 미치는지 느끼고 알아야 하는 초연결 시대에 사는 지금. 우리는 주변에서 일어나는 행동에 더 능동적인 관심을 갖고 내가 보이는 반응을 더 세밀하게 살펴볼 필요가 있다. 호주의 산불은 지구 반대편 나라의 뉴스거리에 지나지 않고, 택배기사와 아파트 간의 대립과 갈

등이 결론이 궁금해지는 관전물에 불과하다면 우리는 이미 '인지적 공감'이 결핍되어 있다는 걸 깨달아야 할 것이다.

그런데 '그러한 사건들이 나에게 일어난다면?' 이건 이야기가 달라진다. 사건의 주체가 내가 된 것이다. 누군가의 공감과 지지를 받고 싶은데 사람들이 내가 해 왔듯이 그저 지켜보며 여론을 형성하고 키보드를 두드리는 데 그친다면? 이처럼 사람들이 모두 나의 일이 아닌 것에는 관심을 갖지 않게 된다면 과연 우리는, 그리고 사회는 어떻게 될 것인가?

있으면 좋고 없으면 말고?

이 시대를 살아가는 우리들에게 공감이 이런 식으로 받아들여진다면 우리는 과연 우리가 기대하고 원하는 사회 속에서 살아갈 수 있을까? 현재 시대를 살아가는 우리들 주변에서 발생하는 대부분의 문제들이 '공감부족'에서 기인한다는 것에는 아마 대부분 동의할 것이다. 특히 요즘과 같이 사회 통합의 의미를 되돌아봐야 하는 다양하고 복잡한 이해관계가 엮인 현대사회에서 공감능력은 '없으면 말고'가 아닌 꼭 지녀야 할 중요한 덕목이 되었다.

따라서 어떤 상황에 처했을 때 상황을 나의 입장에서만 보는 것이 아니라 인지적 공감과 정서적 공감을 모두 고려하고 나의 행동이 타인에게 미칠 영향을 고려해 보는 것. 또한 공감을 방해하는 요소가 무엇인지 정확히 파악하고 공감을 개인의 노력에만 그치는 것이 아니라 제도권 교육하에서도 관심을 갖고 체계적인 교육 시스템을 구축하고자 하는 노력 또한 필요하다는 생각이 든다. 공감 교육에서는 단순하게 공감의 스킬을 알려 주는 것이 아니라 공감 능력을 발휘할 의지를 갖도록(공감이 왜 중요한지 내재적으로 의식하고 인식할 수 있도록) 하는 것이 선행되어야 할 것이다.

결혼 8년 차 부부의 이야기

무려 11살 나이 차이가 나는 우리 부부. 커뮤니케이션을 전공하고 소통 강사로, 특히 부부 MBTI 강사로도 활동하는 내게 교육생들은 종종 물어본다. "강사님도 남편분이랑 싸우시나요?" 이에 대한 답은 당연히 "Yes!!"이다. 화법과 관계에 대해 말하는 강사이다 보니 교육생분들이 보기엔 '이 모든 것을 아는 강사는 정말 안 싸울 거야'라고 생각하시겠지만 이론을 충분히 아는 강사도 싸운다. 다만 현명하게 잘 해결하려 노력하고 두 번 싸울 것을 한 번 싸우기 위해 노력할 뿐. 서로 다른 사람이 다른 환경에서 수십 년을 살다 한 집에서 아이를 낳고 작은 사회를 꾸리는 가정이야말로 가장 공감이 필요한 곳이 아닌가 생각한다.

최근에 있었던, 웃음이 나올 만한 아주 작은 사례를 나누어 볼까 한다. 한 달 전쯤인가 가족 외식을 하고 집으로 돌아오는 길에 남편이 이렇게 말한다. "여보, 나는 집에서 혼자 TV 보면서 H 아이스크림을 퍼먹는 게 로망이야. 사 줘."라고. 그런데 그 아이스크림이 무려 한통에 13,000원 가까이 하는지라 나는 꼭 먹어야 되는 것도 아닌데 아이스크림을 그 비싼 돈을 내고 먹어야 하냐며 타박을 하고 결국 안 사 주고 집으로 돌아왔다.

그런데 며칠이 지난 뒤 마트에서 때마침 신랑이 말했던 그 초코 아이스크림이 2+1 행사를 하는 게 아닌가? 세일을 해도 비싸긴 했지만(꼭 먹어야 하는 쌀도 아니니 여전히 고민 중) 며칠 전에 안 사준 것이 내심 마음에 걸리기도 해서 3통을 품에 안고 들어왔다. "여보, 아이스크림 사 왔어. 먹어." 기쁘게 말하고는 남편이 아이스크림을 가지고 이층으로 올라가는 모습을 보았다.

그리고 며칠 뒤 집에는 이상한 분위기가 감돌기 시작했다. 특별히 싸운 것도 아닌데 왜지? 직선적이고 솔직한 나는 남편에게 "여보, 요즘 왜 그래? 뭐가 문제야? 불편한 게 있으면 말을 해. 이렇게 삐지지 말고…" 놀랍게도 남편이 우울해진 이유는 아이스크림을 사다 주어서였다. 왜일까? 여러분은 그 이유가 상상이 가는가?

남편이 말했다. "내가 당뇨가 있는데 아이스크림 먹고 싶다 하면 혼내야지 이걸 사다 주면 어떻게 해? 너무 하는 거 아니야?" 나는 순간 할 말을 잃었다. "아니, 당신이 먹고 싶다며? 안 사준 게 마음에 걸려서 기껏 사다 줬더니, 그리고 잘 먹고 나서는 왜 그래? 사다 줘도 난리야. 그럼 애초에 먹고 싶다고 하지 말든가!" 나는 화가 나서 쏘아붙이고야 말았다.

그리고 며칠의 서먹한 시간이 지나고 아이를 데리고 캠핑을 간 남편이 집에 없는 밤에 새벽까지 노트북을 켜 놓고 일하며 남편에게 메일을 보냈다. 요는 인지적 공감과 정서적 공감이 버무려진 그런 글이었다. '당신이 당뇨 초기이지만 음식을 가리지 않아서 나는 그 정도로 당신이 건강을 염려

하는 줄 미처 몰랐고 실제 그런 상황이었다면 섭섭했을 수 있겠다, 나는 잘해 주려 했던 건데 말을 예쁘게 못해서 미안하다, 앞으로 당신도 스스로의 건강을 챙겨 주면 좋겠다, 나도 더 노력하겠다'는 그런 글이었다. 아무 일 없던 듯이 며칠이 지나고 남편은 아이처럼 해맑은 얼굴을 하고는 아주 감동적인 답장을 보내왔다. 매일 얼굴을 마주하고 사는 부부인데 이렇게 메일로 마음을 주고받으니 참으로 새로운 기분이 들었다.

사랑해서 만나고 결혼하고 평생을 가장 좋은 나의 편이 되어 주어야 하는 부부는 때로 가장 서로를 이해 못 하고 힘들게 하는 존재가 되어 버리기도 한다. 사회생활 하며 겪은 스트레스를 해소하는 대상이 되거나, '내가 집에서까지 이렇게 해야 하나'라는 생각에 감정의 바닥을 보이기고 하고, 때로는 자신만 생각하는 이기적인 모습을 보이기도 한다.

관계에는 노력이 필요하다. 부부관계, 부모와 자녀관계에서도 상대의 말과 행동을 자신을 기준으로만 판단하는 것이 아니라 상황에 대한 올바른 이해가 가능하도록 인지적 공감과 감정적 공감, 그리고 무엇보다 공감을 위한 동기를 찾고 실천적 공감으로 가기 위해 노력하는 것. 마음속에만 있는 것이 아니라 입 바깥으로 말하고 행동하여 나의 마음을 표현하는 것이 중요하다.

그럼에도 불구하고 노력한다면

우리가 맹자의 성선설(性善說)을 따른다면, 그래서 인간의 본성이 선하여 좋은 의도를 갖고 세상을 살아간다고 본다면, 우리는 공감능력의 내재화를 위해, 자아확장력을 키우기 위해 노력할 필요가 있다. 동화(同化). 내가 네가 되는 것. 회복탄력성에서 말하는 자아확장력과 같은 개념으로 이해할 수 있다. 자아확장력이란 회복탄력성에 나오는 개념으로 '다른 사람과의 관계 속에서 자신을 이해하는 힘'으로 정의 내려 볼 수 있다[8]. 즉 나와 타인을 별개로 인식하지 않고 연결된 존재로 파악하는 것을 뜻한다. 동일시 혹은 역지사지와 같은 의미로 해석해 볼 수 있는데 이 경우 우리 주변에 발생하는 많은 문제들을 '그들의 것'이 아닌 '나의 것' 혹은 '우리의 것'으로 해석하는 패러다임으로의 전환이 진행된다.

택배기사와 아파트 주민 간의 갈등은 더 이상 상대를 공격의 대상으로 몰아갈 주제가 아니며, 노인혐오는 미래에 내가 처할 현실이 된다는 인식으로의 변화, 아파트의 층간소음 문제도, 우리를 불편하게 했던 주변의 크고 작은 문제와 뉴스와 신문지상에 나오던 불협화음의 문제도 그냥 스쳐 보내는 '남의 일'이 아니라 주도적인 고민과 좋은 방향으로의 해결이 염원되는 문제로 바뀔 것이다.

그리고 단지 일상생활 속에서 개인의 작은 변화뿐 아니라 그러한 고민이 사회의 문제 해결과, 소외계층의 불편함을 해소하는 새로운 아이디어 상품으로 기획될 수도 있을 것이다. 우리의 작은 실천이 지구의 환경을 더 아름답고 건강하게 바꿀 수도 있을 것이며, 아주 가깝게는 나를 둘러싼 사람들과의 관계도 좋아질 것은 자명한 일이다. 사회적 동물로 태어난 인간이 더불어 살기 위해 공감은 '있으면 좋은 것'이 아닌 '우리 모두가 노력해야 하는 것'. '남의 이야기'가 아닌 '우리의 이야기'라는 의식의 변화가 필요하다. 공감이 개인의 삶과 사회를 위해 필요하며 이는 다른 누군가의 이야기가 아니라 내가 주체로서 '나 또한 동참해야 한다'는 동기를 찾는 일이 우리와, 우리가 살아가 세계를 바꾸게 될 것이다.

준비가 되었다면 이제 조금 더 다른 시각으로 세상을 바라보자. 그리고 일상에서 불편함을 느꼈던 문제들을 다시 한번 들여다보자. 나의 입장에서 보는 것이 아니라 '우리'의 입장에서. 그리고 생각에 그치는 것이 아니라 행동으로 바꾸어 보자. 인지와 감정, 실천으로 이어지는 공감이 바꿀 나와 우리의 더 나은 삶을 기대하면서.

인간수업
HUMAN CLASS

PART · 03

계획하는 인간

8 Chapter
스스로를 인식하는 인간

이한나
와이즈컨설팅 대표

> 생각지도 못했던 내 모습을 발견할 때 한 번 놀라고,
> 예상치도 못했던 내 모습을 상대방에게 전해 들을 때 두 번 놀라는 것을 넘어
> 경악의 순간을 맛보게 된다. 그토록 '나'를 알아 가고자 다양한 경험과 많은 노력을 했지만,
> 점점 더 '나 자신을 알아 가는 것'에 대해 멀어지는 것만 같다.
> 도대체 '자신을 안다'는 것은 무엇일까?
> 우리가 그토록 알고자 했던 '나'를 명확하게 볼 수 있는 방법은 무엇인지 알아보고자 한다.

01 | 쟤는 진짜 자기를 모른다니까!

나만 모르고 있는
내 모습이 존재한다

**두 번째 손가락 하나로
대한민국 여심을 흔들었던 배우, 차! 인! 표!**

지금의 MZ세대는 두 번째 손가락의 위력을 모를 수도 있을 것이다. 1994년, 배우 신애라 씨와 인연을 맺게 된 〈사랑을 그대 품안에〉라는 드라마에서 차인표는 재벌 2세의 역할을 맡았다. 조각 같은 외모로 색소폰을 불던 차인표는 그 당시 수많은 여성들을 '차인표 앓이'에 빠지게 했다. 그런 그가 50세가 넘어 자신의 이름 〈차인표〉라는 제목으로 코미디 영화를 찍었다. '차인표가 코믹영화를?' 나는 호기심 가득한 마음으로 영화를 시청했다.

영화 속의 차인표는 등산복 광고 촬영을 앞두고 직접 착용감을 느껴 보고자 등산복을 입고 반려견과 함께 산에 오른다. 목적과는 다르게 그를 알아보는 사람들로 유명세를 치르던 차인표는 실수로 진흙탕에 빠지게 된다. 워낙 깔끔한 이미지를 중시하는 차인표는 급한 대로 등산객이 알려 준 아무도 없다는 여고 체육관 샤워실로 들어가 몸을 씻는다.

영화에서 보여진 차인표는 줄곧 영광스러웠던 과거 전성기에 파묻혀 사는 듯했다. 몸을 씻으면서도 새로운 예능프로그램 〈영화배우 4대천왕〉 특집의 출연을 예상하며 '최민식, 설경구, 송강호, 이병헌'과 나란히 어깨를 맞추고 있다고 생각하고 있으니 말이다. 그런데 이게 웬일인가! 차인표가 씻고 있던 체육관은 수리가 예정된 위험한 체육관이었고, 차인표가 씻는 사이 붕괴 사고가 일어난다. 붕괴된 잔해물 속에서 옴짝달싹 못 하고 갇혀 있던 차인표는 그저 '여기 사람 있어요!' 한마디만 내지르면 구조가 될 수 있음에도 끝까지 입을 열지 않는다. 왜? 자신이 여고 체육관 샤워실에 있었다는 게 알려지면 오랫동안 수호해 왔던 젠틀하고, 바르고, 강인한 이미지에 타격을 입을 것이라 판단했기 때문이다. 결국 차인표는 이 모든 상황을 비밀로 한 채 매니저에게 구출해 줄 것을 요청한다. 그러나 붕괴현장에서 일반인이 누군가를 구한다는 게 어디 가능한 일인가?! 열정과 진정성을 갖고 빨리 구조를 해 보라고 보채는 차인표를 향해 매니저는 결국 폭발했고, 다음과 같은 말들을 쏟아 낸다.

"그냥 신고만 하면 끝날 일을 대체 왜 이러는 거예요? 지긋지긋한 그 놈의 이미지 타령! 10년 동안 대체 무슨 이미지를 쌓았길래 이 난리를 피냐고요! 젠틀맨! 바른 사나이! 대스타! 진짜 착각도 정도가 있지. 지나가는 개가 웃겠네요! 누굴 탓하겠습니까! 다 제 잘못이지. 혹시라도 형님이 현실을 알고 상처받을까 싶어 좋게 좋게 돌려서 말했던 게 결국 이렇게 독이 되었네요. 형님! 형님은요. '한물 간 그냥 그런 연예인이에요.' 단물 다 빠져서 형님 가지고는 영화 투자도 안 된다고요! 안 믿기세요? 형님 말고 류승룡으로 배우 바꾸니까 바로 투자됐답니다! 제발 현실을 좀 보라고요!"[1]

남들은 다 알고 있는데 나만 모르고 있는 내 모습

차인표의 당황하는 모습이 영상을 통해 펼쳐졌다. 나는 이 장면을 보며 오래 전 소그룹으로 진행한 리더십 교육이 떠올랐다. 몇몇의 중간 관리자 분들로 인해 신입사원들이 자꾸 그만두는 사태가 일어나 이를 해결하고자 계획된 교육이었다. 강의 시작을 앞두고 서로의 이야기를 나누는 도중 내 귀에 다음과 같은 소리가 들리기 시작했다.

"참나... 우리 때는 조인트 까여 가면서 일 배웠지. 요즘은 말이야 세상 엄청 좋아졌어."
"나라고 꼭 화를 내면서 말하고 싶은 게 아니야! 근데 화를 내면서 말해야 제대로 한다니까!!"
"내가 성질이 나서 왁~ 했다가도 회식할 때는 직원들 삼겹살까지 다 구워 준다니까. 명이나물 한 장에 삼겹살 올려서 입에 넣어 주면 직원들 속상했던 기 다 풀리는 거야!!!"

그들의 대화를 엿들으며 강사인 나는 복장이 터질 것 같았고, 다시는 명이나물을 먹지 않겠다는 비장한 각오까지 할 지경이었다. 그러나 나는 이곳에 긍정적 변화를 촉진하기 위해 온 강사가 아닌가! 이대로 마음의 문을 닫아 버릴 수는 없었다. 지금 들은 이야기는 교육의 방향성을 잡을 수 있는 좋은 기회라고 마음을 다잡으며 노력하려 했다. 하지만 뒤에 이어진 말을 듣고 뒤로 나자빠질 뻔했다.

"우리가 욱하긴 해도 뒤끝은 없잖아! 이 정도면 훌륭하지!"

물 한 모금도 마시지 않고 고구마 몇 개를 우걱우걱 씹어 먹은 이 기분을 누가 알까? 우리 주변에는 "쟤는 어쩜 그렇게 자기 자신을 모를까?"라며 탄식하게 만드는 사람들이 참 많다는 것을 다시 한번 경험했다. 과거에도 나는 '자기 자신에 대해 몰라도 너무 모르는 한 사람'을 알고 있었다. 그 사람은 부끄럽게도 바로 '나'이다. 사실 나는 이런 글을 쓰기 참 민망할 정도로 착각 속에서 살며 깊은 한숨을 내쉬게 만드는 사람이었다. 어려서부터 내 기준에서 어긋난 무언가를 보면 참지 못했던 나는 그 자리에서 내 생각을 타인에게 내질러대면서 관철시키기 급급했다. 그래서인지 어머니를 비롯한 가족들은 나를 '지적질 대마왕'이라고 부르곤 했다. 그러나 나는 그런 말을 들을 때마다 "그게 왜 지적질이야? 잘못된 걸 잘못됐다고 하는데."라며 날을 세웠다.

영화에서 배우 차인표 씨가 매니저를 통해 남들이 생각하는 차인표를 만난 것처럼 이 글을 쓰는 나에게도 생각지 못한 나의 민낯을 마주하는 시간이 있었다. 세상에서 가장 소중한 딸아이가 학교에 입학하면서부터 시작된 일들이었다. 아이는 학교에서 친구들에게 하나하나 지적질을 해댔고, 이를 걱정한 선생님이 조심스레 나를 부른 것이다. 상황을 전해들은 나는 '딸이 왜 그랬을까? 대체 어디서 그런 행동을 배운 것일까?' 도무지 이해할 수 없었다. 그러나 이후 여러 사건들을 마주하며 '딸아이는 나의 거울'이라는 것을 알게 되었고, 나는 결국 고개를 숙일 수밖에 없었다.
 '나보다 나에 대해 잘 아는 사람이 어딨어?'라며 나 자신을 아는 것에 자신감이 넘쳤던 나는 스스로를 향해 의심하기 시작했다. '정말 나는 나에 대해 잘 알고 있을까?'

02 | 나를 안다는 것은 도대체 무엇일까?

진정한 자기인식을 위해서 필요한 것은
바로 '외적 자기인식'

나훈아의 히트곡 '테스형'을 아시나요?

"너 자신을 알라며 툭 내뱉고 간 말을 내가 어찌 알겠소 모르겠소 테스형~"

2020년 인기곡 '테스형'의 가사이다. 나훈아 씨도 '너 자신을 알라'던 소크라테스의 이야기가 참 어려웠나 보다.

대체 나를 안다는 것은 무엇일까? 추상적인 질문일 수 있어 질문을 바꿔 보겠다. '당신은 자신 스스로를 알아 가기 위해 지금까지 어떠한 노력들을 했는가?' 나는 어릴 때부터 친구들과 혈액형에 따른 성격유형을 비롯해 각종 심리테스트, 성격검사 심지어 어느 손가락을 먼저 펼치는지에 따른 성향 테스트까지 꽤나 많은 것을 했다. 성인이 되어서는 DISC를 비롯해 MBTI, 애니어그램과 같은 성격 진단지에 열정적으로 임했다. 여러 장에 걸친 많은 질문이 지겨울 법도 한데 '나'에 대해 알아 가는 과정이라는 생각에 끝까지 성실하게 답변을 하였다. 이처럼 우리는 시간을 내면서까지 자신의 내면을 들여다봄으로 자신을 알아 가기 위한 노력을 한다. 그렇다면 내면을 샅샅이 훑어보며 자신을 알아 가는 시간만으로 '나를 안다'고 말할 수 있을까?

앞의 글을 기억해 보자. 영화 〈차인표〉에서 과거의 영광에 파묻혀 현실을 보지 못하는 역할의 차인표, 많은 사원들이 본인들로 인해 퇴사를 해도 자신의 좋은 성격을 자랑하는 관리자, 타인을 향해 지적을 일삼으면서도 타인의 잘못을 알려 주는 지적인 사람으로 믿었던 이 글을 쓰고 있는 나의 모습까지. 이들 모두 스스로를 알아 가기 위해 많은 노력을 했겠지만 큰 퍼즐의 조각 하나를 놓치고 있던 것은 확실하다.

놓치고 있는 퍼즐의 한 조각은 무엇일까?

현재는 어린이집 CCTV가 의무화되었지만 수년 전 법안 통과를 앞두고 사회가 시끄러웠던 적이 있었다. 나는 그때 당시 사회 분위기와는 다르게 오래전부터 CCTV를 설치한 한 어린이집의 기사를 신문에서 접할 수 있었다. 기사에는 CCTV가 일거수일투족을 감시하는 족쇄로 느껴질 수 있음에도 불구하고 한 선생님이 CCTV를 어떻게 활용했는지에 대한 내용이었다. CCTV를 향한 선생님의 역발상은 다음과 같다.

"아이들을 가르친 지 10년이 돼 가면서 매너리즘에 빠진 건 아닌지 반성하게 돼요. 이번 기회에 '내가 부모다'라고 생각하고 CCTV를 봐 보는 건 어떨까요?"

제안을 한 바로 그날 선생님들은 함께 모여 CCTV 영상을 보았고 충격에 휩싸이게 된다. 펜으로 책상을 '탁탁' 치거나 칠판을 손으로 때리며 아이들을 주목시키는 모습, 팔짱을 낀 상태로 대화하는 모습, 한 아이만 유독 많이 안아 주고 예뻐해 주는 모습 등 미처 알지 못했던 자신의 모습을 보면서 말이다[2].

우리가 스스로를 알아 가기 위해 했던 많은 노력에도 불구하고 '놓치고 있는 퍼즐 한 조각'이 보일 것이다. 나를 알아 가기 위한 다양한 성격 유형 검사, 강점 찾기, 명상, 내면의 나를 찾아가는 여행 등으로는 도저히 완성할 수 없는 하나의 조각을 말이다. 우리는 절대로 자신 스스로의 모습을 타인의 시선으로 바라볼 수가 없다. 그렇기에 자신을 정확하게 인식하는 것 또한 쉽지 않다. 그렇다고 이를 해결하고자 매일 우리의 하루를 CCTV로 확인할 수도 없다. 확인할 수 있다 한들 반복되는 관찰 속에서 익숙한 시선으로 자신을 바라 볼 가능성이 농후하다.

그렇다면 잃어버린 조각을 찾아 퍼즐을 완성할 수 있는 방법은 무엇일까? 「자기통찰」의 저자 타샤 유리크(Tasha Eurich)는 진정한 자신을 인식하기 위해서는 스스로를 이해하는 것 외에도 타인의 관점으로 자신이 어떻게 인식되고 있는지 알아야 한다고 했다. 다시 말해 자신의 내면에 있는 가치, 열정, 포부와 같이 자신을 명확하게 아는 '내적 자기인식'과 더불어 다른 사람들이 자신을 어떻게 보는지 이해하는 '외적 자기인식'이 함께할 때 비로소 자신을 명확하게 볼 수 있다는 것이다[3].

사람들은 자신의 내면에 대한 '내적 자기인식'을 높이고자 다양한 경험과 많은 시간을 들이며 노력한다. 이러한 노력은 스스로가 진정 원하는 것이 무엇인지 깨닫게 하고, 그에 따른 선택을 함으로써 더욱 행복한 삶을 살 수 있게 만든다. 더불어 외적 자기인식이 가능한 사람은 타인의 관점에서 자신을 명확하게 볼 수 있기에 사람들과 견고한 신뢰관계를 맺을 수 있다[3]. 반면 외적 자기인식이 부족한 경우에는 영화 속 차인표처럼 느닷없는 피드백으로 고통스러운 순간을 맞이할 가능성이 크다. 그래도 피드백을 통해서 현실을 직시하고 지금의 나의 모습을 알 수 있다면 그것만으로도 천만 다행으로 생각해야 한다. 많은 사람들은 상대를 향해 '상종 못 할 인간' 또는 '답이 없는 인간'으로 정의하거나 정 안 되겠으면 관계를 끊는 것으로 마무리를 짓기에...

누구나 어려운 '외적 자기인식'

사람은 누구나 행복을 갈망하며 보다 나은 삶을 살아가길 희망한다. 개인적으로나 직업적으로나 건강한 인간관계를 맺고, 업무에 있어 많은 실적을 올리고, 매사에 현명한 선택을 하면서 말이다. 모두가 원하는 이 같은 삶을 살아가는 사람들의 특징은 무엇일까? 바로 자신이 어떠한 사람이고, 다른 사람들이 자신을 어떻게 생각하는지 명확하게 아는 '자기인식' 능력이 탁월한 사람이라는 것이다[3]. 그러나 놓치고 있었던 핵심의 한 조각 '외적 자기인식'은 대부분의 사람들이 흔히 잃어버리는 조각임이 분명하다. 앞서 이야기했듯 우리 주변에는 "걔는 진짜 본인을 모른다니까!"라는 말이 절로 나오게 하는 사람들이 무척이나 많으니 말이다. 그렇다면 우리 주변에 있는 사람들만 유난히 자신을 모르는 것일까? 한 바퀴만 돌려서 생각해 보자. 하루의 일과를 마치고 치킨을 먹으며 힘들었던 일과에 대하여 열변을 토해낼 때마다 수없이 남을 향해 비난할지언정 그 비난의 잣대를 자신에게 대어 보는 사람이 얼마나 있을까? 대부분의 사람들은 타인의 무지는 손가락질하면서도 자신의 무지에는 아랑곳하지 않는다. 게다가 자신은 다른 사람들과는 다르다며 스스로를 향한 자신감까지 드러낸다.

자기평가(Self-Assessment)와 관련한 다수의 연구를 살펴보면 많은 사람들이 자신의 운전 실력, 성격, 학교 성적, 업무 능력, 리더십에 이르기까지 자신의 능력보다 터무니없이 과신하고 있다는 결과를 볼 수 있다. 더 무서운 것은 대개 능력이 '최저'인 사람들이 자신의 능력에 대한 자신감은 '최고'라고 여긴다고 한다[3]. 이처럼 내가 아무리 나의 시각을 버리고 타인의 눈으로 나를 보려 애를 쓰고 기를 써도 인간에게만큼은 절대적으로 어려운 것이 '외적 자기인식'이라는 것이다. 왜 그럴까? 대체 무엇이 우리의 눈을 가리는 것일까?

03 | 왜 내 눈에는 내가 안 보일까?

'외적 자기인식'을 가로막는 것은 무엇일까?

"세상에서 제일 똑똑하고, 제일 예쁜 사람은? 우리 딸!"

"신데렐라 할 때 신, 발레리나 할 때 발, 신! 발!"
"뭐라고? 어머~ 여보 들었어? 지금 얘가 저 간판을 읽었어. 신발이라고 읽었다니까. 우리 딸 천재인가 봐. 누가 가르쳐 주지도 않았는데 한글을 읽 잖아."

나의 말이 끝나기를 기다렸다는 듯 남편은 재빨리 말을 이었다.
"확실히 어릴 때부터 말이 빠르긴 했잖아. 얘가 누굴 닮아 이렇게 똑똑하지? 나??"

짧은 시간이었지만 나와 남편은 딸의 비범함을 확신했다. 이뿐이 아니었다. 아이가 퍼즐을 맞추는 모습, 영어를 따라하는 모습, 심지어 혼자 책을 읽는 소소한 일상 속에서까지 우리 부부는 아이의 천재성을 발견하곤 했다. 물론 아이가 커 감에 따라 현실을 맞닥뜨리며 마음이 힘들 때도 있었지만, 우리 부부는 여전히 아이가 누구보다 영리하다고 믿고 있다. 대체 무슨 근거로 그러냐고 묻는다면... 근거는 없고, 그저 우리의 자식이기 때문이라는 결과에 다다른다.

우리 부부는 딸아이를 키우는 과정에서 공교육이 아닌 대안교육을 선택했다. 매학기 학비가 버거울 수도 있겠지만 나는 올해보다 다음 해, 또 그 다음 해에 돈을 더 잘 벌 수 있을 거라 확신했기에 큰 고민 없이 아이를 대안학교에 보냈다. 누구보다도 내 아이는 영리하다고 믿어 왔고, 이렇게 특별한 아이의 엄마인 내가 남들보다 훨씬 많은 돈을 벌 것이라 확신했다.

희망적이고 긍정적인 생각을 넘어 이토록 근거 없는 자신감은 도대체 어디서 나온 걸까?

대부분의 사람들은 자신을 평균 이상으로 믿고 살아간다고 한다. 나의 모습처럼 자신의 자녀가 평균보다 똑똑하다고 생각하고, 자신이 다른 이들보다 수입이 더 높을 것이라 믿는 것이다. 그뿐만 아니라 매일 야식을 하면서도 자신만큼은 성인병에 걸릴 확률이 낮다고 믿고, 결혼생활에 있어서도 자신은 남들보다 이혼할 확률이 낮다고 생각한다. 이처럼 스스로가 아무리 못할지라도 보통의 다른 사람들보다는 나으며, 최소한 평균 이상은 된다는 자기 과신의 모습은 인간의 보편적인 심리라고 한다[4]. 이러한 심리를 가리켜 '워비곤 호수 효과'(Lake Wobegon Effect)라고 하는데 대체 왜 그런 이름이 붙여졌을까?

워비곤 호수는 어디길래 '워비곤 호수 효과?'

워비곤 호수는 미국의 풍자작가 개리슨 케일러(Garrison Keillor)가 쓴 라디오 드라마, 〈프레리 홈 컴패니언〉의 배경이 되는 가상의 마을이다. 이라디오 드라마에 등장하는 워비곤 호수 마을의 사람들은 하나같이 자신이 보통의 사람들보다 더 잘 생기고, 힘이 세고, 똑똑하다고 믿는다. 실제로는 그렇지 않음에도 말이다. 이 라디오 드라마의 유명세를 이용해 심리학자 토마스 길로비치(Tom Gilovich)는 인간이 스스로를 과신하는 경향을 '워비곤 호수 효과'라는 용어로 부르기 시작했고, 이후 자기 과신의 오류를 가리키는 표현으로 정착되었다[5].

토마스 길로비치의 저서 「인간, 그 속기 쉬운 동물」을 보면 아주 재미난 설문결과들이 나온다. 예를 들면, 고등학교 3학년생 100만명 중 '자신의 리더십이 평균 이상'이라고 하는 학생이 무려 70%가 넘고, 자신의 친화력이 평균 이상이라고 하는 학생은 100%에 이른 것을 볼 수 있다[5]. 10대 사춘기 고등학생이라 그런 것 아닌가 싶을 수도 있기에 다른 설문 결과를 추가해 보겠다. 노동자들을 대상으로 한 설문을 살펴보면 노동자들의 90% 이상 역시 '자신이 일반 노동자에 비해 생산적이다'라고 여길 뿐 아니라 미국의 경우 80%가 스스로에 대해 '평균 이상'이라고 믿는다고 하였다. 물론 자신의 능력을 평균 이하로 보는 사람들도 있었다. 1% 정도만...[6]

한국에서는 어떨까? 2008년 잡코리아와 비즈몬에서 구직자 2013명을 대상으로 조사한 결과 '나는 평균보다 우수한 인재'라고 생각하는 사람이 70%에 달했다고 한다[7]. 이뿐만이 아니다. 사람들은 텔레비전에 나오는 비극의 스토리는 자신의 삶에 절대 일어날 수 없는 일이며 일어난들, 영화의 주인공처럼 살아남는 1인이 자신이 될 거라고 믿는다고 한다. 한 가지 더 덧붙이자면 자신이 낳은 아이가 세상에서 제일 예쁜 줄 안다고 하니...[5] 나 또한 군중의 힘을 빌려 부끄러운 마음을 내려놓아도 될까 싶다.

많은 사람들의 모습을 풍자하듯 미국의 코메디언 조지 칼린은 이런 농담을 했다. "당신보다 느리게 운전하는 사람은 멍청이고, 당신보다 빠르게 운전하는 사람은 미친놈이라고 생각해 본 적은 없나요?" 나 또한 한 치의 망설임도 없이 고개를 끄덕이게 된다. 나는 늘 베스트 드라이버이고, 내 주변 운전자들은 하나같이 느려 터지거나, 목숨이 두 개인 것마냥 미친 듯이 빠르게 운전하는 사람들이니까.

이와 같이 자신을 제대로 볼 수 없게 만드는 자기 과신의 오류는 인간에게 지극히 일반적인 현상이기에 심리학에서도 다양한 용어로 표현되고 있다. 그중에서도 앞에서 언급한 '워비곤 호수 효과'를 살펴보며 우리가 앞서 잃어버렸던 퍼즐의 한 조각, 다른 사람들이 자신을 어떻게 보는지에 해당하는 '외석 사기인식'이 왜 그토록 어려운 것인지 알 수 있었을 것이다. 이 외에 우리의 '외적 자기인식'을 가로막는 장애물은 무엇일까?

'자존감 시대'에 태어난 사람들

"오늘 밤 주인공은 나야 나~ 나야 나! 너만을 기다려 온 나야 나~ 나야 나! 네 맘을 훔칠 사람 나야 나~ 나야 나! 마지막 단 한 사람 나야 나~ 나야 나!"

한동안 딸아이가 이 노래를 얼마나 불러댔는지 모른다. 나는 노래가사를 들으며 '왜 주인공이 너야? 너 아니면 어쩌려고~ 웃기고 있네'라는 생각과 함께 노래 가사가 시대를 반영하고 있다는 생각이 들었다.

"넌 정말 특별한 아이야!"

"세상에서 가장 소중한 나."

한동안 우리 사회는 '자존감'에 열광했다. 아이를 키우는 부모라면 아이의 자존감을 어떻게 키워 줘야 할까 고민하지 않았을 부모가 없을 만큼 우리는 자존감에 깊은 관심을 가졌다. 자존감은 자신이 사랑받을 만한 가치가 있는 소중한 존재이고, 무엇이든지 이뤄 낼 수 있는 유능한 사람이라고 믿는 마음가짐을 의미하는데, 일상적으로는 자신을 사랑하는 감정 정도로 사용되고 있다[8].

자존감을 높이기 위한 방법들은 인터넷에 수도 없이 쏟아지고, 자존감과 관련된 책 역시 오랜 시간 베스트셀러가 되기도 하였다. 자존감을 만들고, 되찾기 위한 방법 중에는 자기 자신을 훌륭하다고 인정할 것, 나에게 맡겨진 일 혹은 자신이 정한 목표를 성취할 수 있다고 믿을 것 등 자신의 가치와 능력에 대해 의심하지 않는 방법들이 제시되고 있다. 또한 자존감 뒤에 따라오는 문장들은 '스스로에 대한 태도만 바뀌어도, 스스로에 대한 믿음만 바뀌어도 삶이 바뀐다!'라는 말이 이어지니 더 나은 삶을 갈망하는 인간에게는 필수조건이 될 수밖에 없을 것이다. 이와 같이 인간이 살아가면서 수많은 난관과 절망의 순간에 스스로를 믿고 일어나기 위해서 자존감이 꼭 필요하다는 것은 누구라도 알 수 있다. 다만 이 같은 자존감이 '외적 자기인식'을 하는 데 어떠한 영향을 주는지 살펴볼까 한다.

미국 샌디에이고 주립대학교 진 트웬지(Jean M. Twenge) 교수는 자존감을 중시하는 시대를 살아가는 학생들과, 연구시점으로부터 25년 전 학생들을 대상으로 자기애를 비교해 보았다. '내가 세상을 지배한다면 더 나은 세상이 될 것이다', '나는 내가 하는 행동에 대해 항상 잘 안다', '나는 내가 받아야 한다고 여기는 것들을 모두 받을 때까지 만족하지 않을 것이다'와 같은 질문으로 자기애를 측정해 보니 자존감을 중시하는 시대를 살아가는 학생들이 25년 전 학생들에 비해 평균 30% 이상 자기애가 강하게 나타나는 것을 볼 수 있었다[3),9)].

자신에 대한 극진한 신뢰와 사랑은 자신을 향해 과도한 주목을 하게 만든다. 이러한 상황은 자신의 행동이 타인에게 미치는 영향에 대해 걱정이 적어지게 할 뿐만 아니라 주의를 덜 기울이게 만든다고 한다[9)]. 결국 자신에게 집중된 '자기애'는 자신의 모습이 타인의 눈에 어떻게 비치는지, 다른 사람들은 나를 어떻게 보는시와 같은 '외적 자기인식'의 시각을 허락하지 않는 것이다.

자기과신을 보여 주는 '워비곤 호수 효과'와 '자존감이 강조되는 시대'에 나타난 '자기애' 외에 무엇이 우리의 '외적 자기인식'을 방해할까?

내가 뭘! 어쨌다고!

회사에서 막말을 일삼는 사람, 마치 자신이 왕이 된 것처럼 협력업체를 부리는 사람, 서비스 정신을 운운하며 직원을 무릎 꿇게 만드는 고객, 경비원을 폭행하는 주민… 그 외에도 끊이지 않는 갑질 뉴스를 보면 마음이 참으로 답답하다. 남들이 있든 없든 이들은 왜 이토록 무례하고 타인의 입장은 눈꼽만큼도 생각하지 못하는 걸까? 지금까지 이 글을 읽으신 분들은 '그런 행동을 하면서도 자기가 좋은 사람인 줄 알고 착각하는 워비곤 호수 효과인건가?' 혹은 '자신을 너무 사랑해 타인의 입장을 헤아리지 못하는 잘못된 자존감인가?'라며 앞서 적힌 글들을 기억해 이야기를 할지도 모르겠다.

마지막으로 한 가지를 더 전달하고자 한다. 심리학자 저벤 A 반 클리프(Gerben A van kleef)는 실험에 참여하는 사람들에게 스스로 어느 정도의 권력을 갖고 있다고 생각하는지 물어보고 메모하였다. 그리고 무작위로 두 명씩 짝을 지어, 상대방에게 자신이 겪었던 가장 괴롭고 힘들었던 일에 대해 이야기를 하도록 하였다. 참여자들이 서로의 이야기를 들으며 어느 정도 공감하는지를 측정하기 위해 심전도 검사를 한 결과, 스스로 높은 권력과 힘을 가졌다고 생각하는 사람일수록 상대의 고통과 괴로움에 덜 공감하는 모습이 나타나는 것을 볼 수 있었다. 다시 말해 권력을 많이 가진 사람일수록 공감능력이 떨어지는 것이다[10].

문득 아침에 있던 일이 떠오른다. 출근한 남편은 내게 카톡으로 짜증을 토로했다. 이유인 즉슨 상사가 지난밤 퇴근할 때 "문제 개선 방안에 대해 고민해 봅시다!"라고 말하더니, 다음 날 출근하자마자 "개선책 있습니까?"라고 물어봤다는 것이다. 남편은 "그럼 나 보고 퇴근하고 집에 가서 다시 일하라는 거야 뭐야?"라며 카톡으로 화가 난 마음을 드러냈다. 한참 상사 욕을 함께 하던 나는 어디선가 봤던 글귀가 떠올랐다. '상사의 시간과 나의 시간은 다르게 간다.' 다시 말해 나한테는 짧은 시간이 상사에게는 '길고 긴 시간'이 될 수도 있다는 것이다.

과연 상사만 그럴까? 어린 딸아이에게 "엄마 마트 다녀올 때까지 학습지 다 풀어 놓자"라고 말한 나는 오자마자 다 풀지 못한 딸아이를 향해 버럭 화를 내곤 했다. "엄마가 마트 가서 장 다 보고 올 동안 넌 뭐 한 건데? 고작 그것도 못 끝내?"라는 말을 하면서 말이다. 그 당시 딸아이는 "엄마 나 한 번도 안 쉬고 진짜 열심히 한 건데…"라며 억울한 목소리로 울먹였으나 나는 오롯이 나의 속도로 흘러가는 시계를 내밀며 끝까지 아이를 추궁했다. 아이 앞에서 권력자가 된 나는 아이의 입장과 상황에 대해 헤아릴 생각조차 하지 못했다. 뉴스에 나오는 갑질 이야기가 천성이 나쁜 악인만 저지르는 것이 아니었다.

권력과 힘, 높은 자리는 꼭 사회생활에만 국한되는 것이 아니다. 우리는 내 앞에 놓여진 상황과 사람 앞에서 재빠르게 자신의 위치를 알아차리고 그에 맞는 행동을 할 수 있다. 게다가 누구라도 을에서 갑으로 변할 수 있는 존재이기에 '공감능력의 결여'는 언제든 강자가 될 수 있는 우리 모두에 해당하는 상황인 것이다.

상대의 고통을 헤아리고, 상대의 입장에서 생각해 보는 공감능력이 부족하다는 것은 자신의 행동이 타인에게 어떠한 영향을 미치는지, 자신의 모습이 타인의 눈에 어떻게 비치는지 생각해 볼 수 있는 기회를 얻지 못하게 만든다. 다시 말해 우리가 사회에서 높은 자리로 가면 갈수록 타인의 입장에서 생각하는 공감능력이 결여되고, 그 결과 다른 사람들 눈에 내가 어떻게 보이는지를 이해하는 '외적 자기인식'을 갖추는 데 영향을 끼치는 것이다.

이와 같이 우리는 수많은 이유로 바깥에서 보이는 우리의 모습을 외면하거나 착각하면서 살아왔다는 것을 알 수 있다. 나를 알아 가는 '자기인식'의 퍼즐을 완성하는 데 있어 놓쳐 버린 한 조각 '외적 자기인식'이 있다는 것과 왜 잃어버릴 수밖에 없었는지를 알게 되었으니, 이제 이 조각을 어디서 찾아와야 하는지 마지막 장에서 살펴볼까 한다.

04 | 남이 보여 준 '외적 자기인식'

주변에서 들려주는
나를 향한 소리에 단 한 번이라도
고개를 돌려 본다면 어떨까?

'나는 도무지 찾을 수가 없다!'

"엄마는 왜 사람을 까면서 말해? 진짜 그게 얼마나 사람 기분 나쁘게 하는지 몰라? 남들이 엄마 칭찬할 때 내가 옆에서 엄마 저격하면 기분 좋아? 이모가 나 칭찬하는데 그 옆에서 그러는 이유가 뭐야? 사람들 앞에서 엄마 민망하게 말하지 말라면서 엄마는 왜 매번 나를 비난하듯이 말하는데! 정말 너무 짜증나!"

17살 사춘기 소녀는 내게 속사포 같은 랩을 쏟아 놓았다. 그저 민망한 분위기를 타파하고자 건넨 한마디에 유별나게 반응하니 화를 내는 아이 모습에 나는 당황스러웠다. '엄마에게 이게 무슨 말버릇이야!' 하는 분노가 훅 하고 가슴에 차올랐다. 그러나 신기하게도 그 분노는 10초도 이어지지 않았다. 그저 알량한 자존심에 '흥' 하고 방으로 급하게 들어왔지만 구체적으로 나의 잘못을 하나하나 꼭 집어 알려 주는 딸 이야기에 금방 수긍이 되었다.

그랬다. 나는 누군가로부터 칭찬을 들을 때나, 딸아이가 칭찬을 듣는 상황에 함께 있을 때면 '아니에요'라며 손사래를 치는 것도 모자라 칭찬과는 다른 별개의 행동이 존재한다는 것을 알려 주면서 상대의 칭찬을 부정하곤 했다. 거침없이 쏘아대던 아이의 말 덕분에 한 번도 의식하지 못하고, 볼 수 없었던 내 모습을 다시 보는 순간이었다. 이런 이유 때문에 스탠퍼드 대학교의 하야그리바 라오(Hayagreeva Rao) 교수는 '십대 자녀를 둔 사람은 과한 자신감에 빠지는 경향이 덜하다'는 재미있으면서도 정확한 관찰 결과를 알려 주었다.

나의 딸아이를 비롯해 10대 아이들은 하루에도 수차례 자신의 부모가 얼마나 훌륭하지 않은지 아무렇지 않게 이야기한다. 이토록 우리의 능력과 행동에 대해 즉각적인 피드백을 주는 사람이 있을까? 우리 가까이에 있는 사람들은 우리가 스스로에 대해 알지 못하는 것들을 재빠르게 찾아내 알려 주곤 한다. '왜 소리를 지르면서 말을 하는지', '솔직한 의견을 내라고 해서 진솔한 마음을 드러내면 왜 화를 내는지', '지금 하는 이야기가 얼마나 재미없고 지루한지', '왜 작은 거에 목숨을 걸고 화를 내는지', '멋지다고 차려 입은 옷이 얼마나 형편없는지' 등의 말들을 통해서 말이다.

이처럼 우리 주변에 있는 사람들은 때때로 우리가 알지 못하고, 보지 못하는 그 부분을 전달해 준다. 때로는 배우자가, 때로는 자녀가, 때로는 동료가, 때로는 전혀 모르는 낯선이가. 결국 다른 사람들 눈에 비치는 내 모습을 이해하는 '외적 자기인식'은 타인의 눈과 말을 빌려서 찾아낼 수 있다는 것을 알 수 있다.

그렇다면 우리는 그간 우리의 귀에 들려 오는 이야기에 어떻게 반응을 보이며 살아왔을까?

나는 말했다. "너나 잘하세요!"라고...

최근 나는 딸아이와 카페에서 공부를 한 적이 있었다. 나는 아이의 문제를 채점해 주며 틀린 부분에 대해 이야기를 해 주었다.

나: 너~ 이거 문제 푸는 과정이 틀렸네. 한번 확인해 봐.
딸: 제대로 채점한 거 맞아?
나: 중간에 과정이 안 맞다니까. 다시 봐 봐.
딸: (결국 자신이 틀린 것을 알게 됨) 이 카페 에어컨도 너무 세고 추워서 집중도 잘 안 되는 것 같아. 오늘따라 유난히 시끄럽지 않아? 아 집중 안 돼.

딸아이는 자신이 좋아하고 잘하는 수학문제에서 틀렸다는 사실을 받아들이고 싶지 않았던 것이 분명했다. 사람들은 상대가 옳고 자신이 틀렸다는 걸 알았다고 해서 "어머나! 제가 미처 알지 못하는 부분을 알려 주셔서 감사합니다!"라고 반응하는 사람은 많지 않다. 이러한 상황이 일어날 수밖에 없는 적절한 변명을 만들고, 그것을 토로한다. 심지어 타인의 피드백에 변명하는 것을 넘어 "그런 너는?", "너나 잘하세요!", "지 앞가림도 못하는 게 꼭 남 참견은 잘한다니까!"와 같은 말을 하며(혹은 마음속으로라도) 감정부터 앞세우는 경우도 많다.

나 또한 당신의 말에 수긍한다는 한없이 인자한 표정을 지으며 능숙한 사회생활의 면모를 보여 주지만, 마음 깊은 곳에서는 콧방귀를 뀌며 상대의 말을 귓등으로도 안 들었던 모습이 숨어 있던 적이 있을 것이다. 이런 내가 '외적 자기인식'에 대해 말하는 이유는 스스로에 대해 신나게 착각하면서 살았고, 주변 소리에 콧방귀를 뀌었던 대가를 톡톡히 치뤘기 때문이다. 물론 나는 아직도 부족함 투성이지만 그래도 조금 변한 것이 있다면 나의 모습을 자주자주 돌아본다는 것과 상대의 소리에 즉각적인 반응은 못 하더라도 집에 와서 천천히 그 말에 빗대어 나를 바라보기 위한 노력을 한다는 것이다.

이렇게 글을 쓰니 내가 '자기 인식'의 달인처럼 보여질 수도 있을 것 같다. 하지만 내 모습을 바라보기 위해 노력한다는 그 와중에도 나는 꽃 중의 꽃인 '자기 합리화'를 수만 송이씩 피워대는 사람이다. '원래 내 스타일이라고, 난 평생을 그렇게 살았다고, 상황이 이렇게 되면서 변할 수밖에 없었다고, 나 정도는 아무것도 아니라고, 누구라도 이렇게 될 것'이라는 뻔하디 뻔한 변명을 하면서 말이다.

그러나 나는 타인의 피드백에 한 번쯤 돌아보는 것이 얼마나 중요한 일인지 정확하게 기억하고 있다. 특히 아이와 함께 읽었던 동화책을 통해서 말이다. 마지막으로 인상 깊었던 동화책의 내용을 소개하려고 한다.

한 번만 고개를 돌려 보라고!

딸아이가 어렸을 적 엄마인 나는 아이에게 하루에도 수십 권씩 책을 읽어주었다. 그중에서도 「어리석은 판사」라는 동화책은 오랜 시간 내 마음에 머물렀다. 판결을 받기 위해 판사 앞에 나온 첫 번째 죄수는 다리가 불편했는지 커다란 목발을 짚고 있었다. 죄수는 판사 앞에서 다급하고 간절한 목소리로 "꼬리엔 털이 가득하고, 커다란 눈을 부라리고 다니는 무시무시한 괴물이 매일매일 가까이 다가오고 있어요. 전 그저 본 대로 말한 것뿐이에요. 제발 살려 주세요!"라고 간청한다. 판사는 손을 번쩍 들고 "말도 안 되는 소리를 하다니! 당장 감옥에 처넣어라!"라는 말로 판결을 종료한다. 두 번째 죄수는 나이가 지긋한 사람, 세 번째 죄수는 '척 봐도 악당'같이 생긴 사람, 네 번째 죄수는 화려한 드레스를 입은 여인, 다섯 번째 죄수인 강아지 목줄을 잡고 있는 평범한 노인까지. 신기하게도 죄수들 모두 무시무시한 괴물이 날마다 다가오고 있다는 말을 반복하고 있었고, 판사는 한결같이 '거짓말쟁이, 머저리, 멍텅구리, 얼간이'라는 말을 하며 죄수들을 감옥에 처넣는다. 이 동화의 결말은 어떻게 되었을까? 사람들이 이야기했던 눈을 부라리고 꼬리에 털이 가득한 괴물이 판사앞으로 가까이 다가오며 판사를 잡아먹고 끝나 버린다. 제목 그대로 그는 가장 '어리석은 판사'였던 것이다[11].

판사는 무엇 때문에 듣지 못했을까? 너보다 부족해 보이는 상대의 모습 때문에, 혹은 내가 서 있는 판사라는 위치 때문에? 만약 판사가 자신의 생각을 내려놓고 한 번만이라도 창문 너머로 고개를 돌려 봤다면 어땠을까?

누군가는 로마의 철학자 마르쿠스 아우렐리우스의 다음 말을 떠올리며 나의 생각에 반박할 수도 있을 것이다. "우리가 듣는 모든 것은 사실이 아니라 의견이다. 우리가 보는 모든 것은 진실이 아니라 관점이다." 그렇다. 타인이 나에게 한 피드백은 순전히 타인의 의견일 뿐이다. 사실 사람이 살아가면서 외부에서 들려 오는 개인의 의견에 어떻게 하나하나 귀 기울이며 살아갈 수 있단 말인가! 나를 인식한답시고 내 삶의 주인공인 자신의 생각은 안중에도 없이 타인의 말에 휘둘리며 사는 인생은 끔찍할 것이다. 게다가 타인으로부터 들은 피드백이 모두 정확하고 중요한 것이라는 것도 확실치 않은데 말이다.

이 글을 쓰는 내가 하고 싶은 말은 무엇일까? 정리하자면 내게 들려오는 피드백에 대해 내가 받아들일 만한 가치가 있는 것인지에 대해 구분하는 것이 중요하다는 것이다. 그러기 위해서는 피드백에 한 번쯤 귀를 기울이며 사색의 시간을 갖고 스스로 피드백에 대해 어떤 입장을 취할 것인지에 대해 고민해 보아야 한다. '누가 뭐라 하든 나의 이러한 가치관은 반드시 필요한 것이기에 그대로 밀고 간다' 혹은 '이런 모습은 누군가를 꽤나 불편하게 만들고, 내가 삶을 살아가는 데 방해가 될 수 있으니 수정한다'와 같은 어떠한 입장을 선택할 것인지를 결정하기 위해서라도 한 번쯤은 돌아봐야 한다는 것이다. 타인으로부터 자주 들었던 피드백을 기억하려 할 때, 그리고 그 피드백에 대해 고민하는 시간을 가질 때, 이후 피드백에 대해 어떠한 자세로 받아들일지에 대해 결정하고 자신의 삶을 이끌어 갈 때에 성숙한 어른으로 가는 한 걸음이 되지 않을까. 마지막으로 벤자민 프랭클린의 글로 마무리 짓고자 한다.

타인의 지식에서 정보를 얻고 발전을 꾀하려고 하면서
현재 자신의 의견을 고수하려고 한다면,
논쟁을 싫어하는 겸손하고 분별력 있는 사람은
당신의 잘못을 알더라도 굳이 짚어 주지 않을 것이다.

9 Chapter
도덕적인 인간

민현기
로젠탈 교육연구소 대표

> 오늘날 우리가 사는 세상은 마치 짓궂은 날씨와 같다.
> 언제 비가 내리고 눈이 내릴지 예측하기 어렵다 보니
> 가던 길을 돌아갈지 질러갈지 고민을 하게 된다.
> 도덕(道德)이 필요한 이유가 여기에 있다.
> 해가 비추든 물이 적시든 원래 가야 할 올바른 길을 걸어갈 수 있도록 하는 힘이자
> '마땅히 지켜 가야 하는 약속'을 지키도록 하는 게 바로 도덕이다.

01 | 옳은 길을 가는 사람들

도달해야 하는 정의를 향해 흔들림 없이
뚜벅뚜벅 걸어가는 '도덕적 인간'

다시 시간을 돌린다면?

'네, 곧 도착할 것 같아요. 전화드리면 그때 내려오세요.'

몇 해 전 추석 명절을 앞두고 겪었던 일이었다. 이른 아침 어머니 댁으로 차를 몰아 가던 길, 우회전을 할 찰나 길을 걷던 아주머니 한 분을 보게 되었다. 걸음걸이가 조금 이상해서 그랬을까? 잠깐 고개를 돌려 눈이 마주쳤을 때 그녀는 마치 무언가에 걸려 넘어지듯 풀썩 주저앉았다. 순간 나는 달리던 차를 도로 옆에 급히 멈추고 아주머니에게 뛰어갔다. 지금 기억을 되짚어 봐도 내가 무슨 정신으로 그랬는지 모를 일이었다. 다행히 지나가던 다른 분들의 도움으로 급히 119에 전화를 걸 수 있었다. 하지만 나는 그 날 알게 되었다. 누군가를 돕는 일이 마냥 보람된 일은 아니라는 사실을 말이다.

잠시 후 도착한 119구급 대원부터 주변에 지나가던 사람들까지 모두가 내게 '혹시 차로 치신 거예요?', '아주머니 아는 분이에요?', '무슨 일이에요?' 등등의 질문을 쏟아내기 시작한 것이다. 사람들에 둘러싸여 대답을 하다 보니 당혹감에 말도 더듬었다. 그렇게 도망치듯 나와 겨우 차에 타서 한

숨을 돌리는데 어머니에게 전화가 걸려 왔다. '금방 온다더니 어디냐?' 설명하기도 귀찮을 지경이었다. 급히 차에 시동을 걸고 출발하려던 때에 나는 또 한 번 한숨을 깊이 쉬었다. 눈앞 전신주에 걸려 있던 표지판에 이런 문구가 써 있었기 때문이었다.

'주정차 금지, CCTV 단속 중'

이타심은 이기심을 품고 산다

다행히 주차위반 통지서는 날아오지 않았다. 물론 그랬다고 해도 소명절차를 거치면 해결할 수 있는 일이었다. 하지만 나는 그날 사건을 겪은 뒤 아주 현실적인 고민을 하게 되었다.

'다시 시간을 돌려 그 현장으로 간다면 나는 그 아주머니를 도울 수 있을까?'

누군가를 돕는 일에 보상을 바라는 사람은 없지만 막상 '손해'를 보았다는 생각을 하니 마음이 달라지는 것 같았다. 인간을 이기심이냐 이타심이냐의 이분법적 접근으로 해석하는 건 어불성설이다. 아주머니를 도왔던 '본래의 나'는 이타적이었지만 불편한 '사건'을 겪은 후 이타심과 이기심 사이에서 갈등하게 되었다. 그래서 현재 어떤 태도를 가졌느냐보다 근본적으로 지향해야 하는 '올바른' 태도가 무엇인가에 주목해야 한다.

'흔들리지 않고 올바른 길을 걸어가는 것'
그게 바로 '도덕'(道德)을 이해하는 첫걸음이기 때문이다.

올바른 길을 걷는 '도덕적 인간'

도덕은 무엇일까? 도덕을 쉽게 이해하기 위해서 이 단어를 한 글자씩 나누어 보자.

도(道)
'天命之謂性(천명지위성) 率性之謂道(솔성지위도)'

사서오경에 속하는 경전 중 하나인 중용(中庸) 1장에 나오는 구절이다. 단순 풀이하면 하늘에서 명한 성(性)을 따라 행하는 것이 도(道)라는 의미다. 여기서 말하는 '성'은 사람의 본성(本性, Human Nature)이다. 고로 사람의 본성을 회복하고 누리기 위해서 필요한 것이 바로 도(道)라는 이야기다.

덕(德)
논어(論語) 위정(爲政) 편에는 '덕'을 북극성에 비유해서 설명했다.

'爲政以德, 譬如北辰, 居其所而衆星共之'
(위정이덕, 비여북신, 거기소이중성공지)
'정치를 행함에 덕으로 하는 것은, 비유하자면, 마치 북두성이 그곳에 자리를 잡아서 여러 별들이 함께하는 것과도 같다.'

북극성은 여행객에게는 길라잡이가 되고 주변 별들의 중심축이 된다. 만약 북극성이 그 중심을 잃으면 온 세상이 같이 길을 잃고 흔들리게 된다. 흔들림 없이 자신의 위치를 지키고 묵묵히 옳은 길을 걸어가는 것, 그게 바로 '도덕'이다.

요즘 시대는 불확실과 불안이 혼재되었다고 표현한다. 경제지표는 갈수록 고개를 숙이고 있고 세대 간 갈등은 심화되고 있다. 팬데믹 이후에 이런 불확실, 불안은 더 커질 것이다. 특히 디지털 기술의 발달, 비대면 문화의 확산과 바이러스 상황과 맞물려 사람과 사람 사이에 물리적 장벽을 세워 버렸다. 이제 접촉은 줄고 접속은 늘어 버린 세상, 타인에 대한 공감은 줄고 개인주의는 커져 버린 시대가 된 것이다. 눈에 보이던 사람과 상황을 보고 느끼던 삶에서 서로 보지 않고 일을 하고 관계를 이어가야 하는 삶이 우리에게 과제처럼 던져졌다. 그래서 우리는 더욱 '도덕적 인간'을 지향하며 살아야 한다. 변화의 폭과 속도가 요동치는 요즘이야말로 올바른 가치, 도달해야 하는 정의를 향해 흔들림 없이 뚜벅뚜벅 걸어가는 '도덕적 인간'이 필요하다.

02 | 도덕적 인간은 왜 필요한가?

법의 한계, 인간의 지향점, 사회적 동물
– 도덕적 인간이 필요한 3가지 이유

지금 우리에게 필요한 것

초등학교(그땐 국민학교라고 불리던 때였다) 시절 시험기간에 가장 위안이 되는 과목은 '도덕'이었다. 특별한 준비 없이도 고득점을 기대할 수 있는 과목이었기 때문이다. 문제를 읽고 가장 바른 행동, 올바른 생각을 골라서 쓰면 대충 정답에 가까웠다. 그래서 그 시절 도덕은 '누가 봐도 바름과 옳음을 판단할 수 있도록 정답을 공개한 문제지'처럼 보였다. 하지만 사회생활을 하다 보니 시험지 밖의 도덕은 만만한 상대가 아니라는 현실을 깨달았다. 정답이 뻔히 보이는 문제지인 줄 알았는데 그대로 살아가는 일은 쉽지 않았다. 그래서 나는 도덕을 '답안지를 늘고도 이리저리 헤매다가 결국 눈앞의 점수를 잃는 게임'이라고 말하기도 한다. 머리는 '옳다'라고 판단해도 손과 발을 '행동'으로 옮기지 못하는 도덕, 지나치게 보편적, 일반적, 상식적이어서 눈에 뻔히 보이지만 막상 실행하기 어려운 것. 여기서 도덕이 우리에게 필요한 세 가지 이유를 설명하려 한다.

1. 모든 인간은 악하다? – 법치주의의 본 모습

'인간은 선(善)한가? 아니면 악(惡)한가?'

이 질문은 탕수육을 먹을 때 찍먹(소스에 찍어 먹기)이냐, 부먹(소스를 부어서 먹기)이냐 이전부터 아주 치열한 논쟁거리였다. 기원전 중국의 사상가 공자의 사상을 이어 발전시킨 맹자(孟子)는 '인간의 본성은 선(善)'이라고 주장했다. 고자(告子)는 맹자의 주장에 딴지를 걸며 '인간의 본성은 도화지 같아서 이도 저도 아니다'라는 '성무선악설'을 외치며 공방을 벌였다. 둘의 대립이 평행선을 달리며 잠잠해질 즈음 맹자보다 90여 년 늦게 태어난 순자(荀子)가 '인간은 태생이 악(惡)'이라며 정반대의 논지로 다시 불을 붙였다.

그럼 현대사회는 인간을 어떤 시각으로 바라보고 있을까? 흔히 '민주주의'를 설명할 때 빠지지 않는 단어가 바로 '법치주의'(法治主義)다. 법치주의는 '사람이나 폭력이 아닌 법이 지배하는 국가원리이자 헌법원리이다.' 이 법치주의 속에 현대사회가 인간의 본성을 어떻게 정의하는지 담겨 있다. 만약 범죄가 없다고 생각해 보자. 그렇다면 우리가 사는 세상에 '법'이 존재할 필요가 없다. 법치주의의 의미처럼 법이 국가를 통제하지 않아도 구성원 스스로가 나라를 잘 이끌어 나갈 수 있기 때문이다. '사람의 덕(德)이 아니라 법(法)'으로 나라를 꾸려 간다는 법치주의의 근간에는 '인간을 선이 아닌 악'이라는 관점으로 해석하고 있다. 인간은 스스로 올바른 사회를 만들어 갈 수 없다는 관점이 법치다. 그렇다. 현대사회에선 인간은 '악'

한 존재다. 그럼 우리를 둘러싼 법은 인간이 올바른 삶에 도달할 수 있도록 기능하고 있을까? 안타깝지만 그렇지 않다.

법의 한계, 도덕의 필요

　2019년 11월 A씨는 만취 상태에서 오토바이를 운전하다 화물차를 들이받는 사고를 냈다. 당시 그의 혈중알코올농도는 면허 취소 수준인 0.103%. 법원은 그가 음주를 했다는 사실을 인정했다. 하지만 유죄를 선고하지 않았다. 이유는 간단했다. 경찰이 적법한 절차에 따라 증거를 수집하지 않았기 때문이다[1].

　1997년 이태원 햄버거 가게에서 끔찍한 살인 사건이 발생했다. 분명히 두 명의 용의자가 존재하지만 미국과 한국의 법체계의 차이, 출국 금지 요청의 실수, 범죄자 인도 등의 복잡한 사안들이 얽히다 보니 무려 20년의 세월을 흘려 보냈다. 그러고도 일사부재리 원칙에 의해 한 명의 공범에게는 제대로 된 죄를 묻지 못했다.

　위 사례는 법이 가진 모호성과 한계를 여실히 보여 준다. 음주운전은 했지만 밝혀내는 절차가 잘못되었다면 법적인 책임을 지울 수 없다. 명확한 '진실'이 존재해도 그 '진실'을 밝혀 가는 형식과 절차에 문제가 있다면 그 '진실'은 무시당하거나 왜곡될 수 있단 얘기다. 그게 법이 가진 한계다. 우리에게 도덕이 필요한 첫 번째 이유가 여기에 있다. 법치주의는 우리의 삶을 모두 책임지기 어렵다. 이를 2015년 3월에 재정된 '청탁금지법' 소위 '김영란법'으로 불리는 이 법을 예로 들어 알아보자.

첫 번째, '법은 우리의 상식과 문화를 따라오지 못한다.'

원래 누구든 자신의 이득을 위해 부당한 청탁을 하면 안 된다. 공정한 경쟁을 통한 거래는 해당 조직은 물론 국가의 이익과도 연결된다. 그런데 지난 세월 공공연하게 이뤄진 각종 청탁들이 우리 사회에 만연했었다. 이를 바라보는 시선이 문제의식이 되고 결국 뒤늦게 법으로 만들어진 것이다.

두 번째, '법은 시대의 상식과 문화를 반영하기에 변동성이 크다.'

김영란법처럼 과거에는 문제가 없던 것이 새 시대에는 엄격한 법이 된다. 반대로 과거에는 법으로 규정하던 것들이 세월의 변화 속에 휩쓸려 과거에 묻히기도 한다.

마지막, '법은 절대적인 가치를 구현하지 못한다.'

우리나라의 3심제도가 이를 방증한다. 인간 세계의 법은 AI가 데이터를 가지고 답을 도출하는 디지털과 다르다. 무수히 많은 변수가 존재하고 그 상호작용 속에서 무죄가 유죄가 되고 때론 죄가 있어도 죄를 묻지 않는 일이 생기기도 한다.

'법은 상식의 최소한'이라는 말이 있다. 우리와 관련된 모든 사안을 법으로 규정할 수도 없고 또 그래서도 안 된다. 그렇다 보니 법은 인간 상식의 아주 작은 부분을 규제하는 기능을 하고 나머지는 인간의 나머지 상식이 작동해야 한다. 그게 바로 도덕이다.

2. 세 살 버릇 평생 간다 – 인간 삶의 지향점

"3살 버릇 여든 간다."는 속담이 있다. 놀랍게도 이 속담은 인간의 도덕성이 3살부터 형성된다는 의미도 담고 있다. 실제로 3살 정도 되는 아기도 나쁜 행위를 구분하고 해로운 사람과 거리를 두는 행동을 할 수 있다. 심지어 나쁜 일을 한 사람에게는 어떤 '벌'이 주어져야 한다는 인식도 비슷한 나이에 형성된다고 한다[2]. 심지어 6~10개월 정도의 아기도 선, 악의 개념을 구분할 수 있다는 연구결과도 있다. 난 아기들의 도덕성에 대한 이야기를 듣고 이런 생각을 해 보았다.

'인간은 특별한 학습 없이 태생적으로 도덕을 지향하는 건 아닐까?'

그리고 우연히 집어 든 책에서 내 생각이 합리적 추론이었다는 것을 알게 되었다.

미국 43대 대통령으로 2004년 재선에 성공한 조지.W.부시. 일각에서는 부시 대통령의 재선을 밝게 전망하지 않았다. 실제로 그의 이전 4년간의 업적으로만 본다면 재선 성공 자체가 기이한 일이었다. 사상 최대 규모의 재정 적자를 기록했고, 31대 대통령이었던 후버 이후에 유일하게 재임 중 일자리를 감소시킨 대통령이 바로 부시였다. 또 1960년대 이후 대통령 업무수행 지지도가 50%를 넘지 못하고 재선에 성공한 대통령이 없었는데, 그 50%의 선에 아슬아슬하게 걸려 있기도 했다[3].

그가 재선에 성공했던 이유는 다양하다. 예를 들면 '보수층'의 표를 더 얻기 위해 정확한 타깃을 정하고 안보와 신앙 등의 마케팅을 집중적으로 해 왔으며, 상대 정당인 민주당을 변화하지 않는 정당으로 인식하도록 노력했다. 그런데 여기에 흥미로운 결과가 하나 등장했다. 누구도 생각지 않은 도덕이라는 기준이었다. 실제로 도덕적 가치가 투표의 기준이라고 생각한 유권자의 무려 80%가 부시에게 투표했다[4]. 이 역시 도덕이 특별한 학습 없이 인간의 마음속에 깊이 내제된 삶의 가치라고 해석할 수 있다. 비폭력 운동의 상징 간디도 '도덕이 없는 경제는 악(惡)'이라고 했다. 우리가 먹고 살고 또 만나는 모든 일상 속에 도덕이 존재한다. 원래 인간은 그렇게 태어나고 또 자라고 있다.

3. '함께'가 '개인'을 움직인다 – 사회적 동물, 인간

당신은 어느 빌딩 꼭대기 층에 가기 위해 엘리베이터를 기다리고 있다. 잠시 후 엘리베이터가 도착해 문이 열렸고 당신은 무심코 한 발을 들여놓으려다 멈칫하고 말았다. 엘리베이터에 타고 있던 사람들이 모두 벽을 보고 서 있었기 때문이었다. 당신은 영문도 모른 채 탑승했고 계속 주변인들을 훔쳐보았다. 잠시 후 다음 층에서 새로운 승객이 올라탔고 그들 역시 벽을 향해 몸을 돌리고 말았다. 다음 층 또 다음 층에서도 말이다. 마치 그들이 나를 힐끔 쳐다보는 기분이 들어 등골이 시리기도 한다. 이때 당신은 어떤 행동을 하게 될까? 주위를 몇 번 더 둘러보곤 다른 사람들처럼 벽을 향해 몸을 돌리지 않을까?

위 엘리베이터 실험은 유명한 동조 실험(Conformity Experiment)이다. 연구자 솔로몬 애쉬(Solomon Asch)의 이름을 따서 애쉬(Asch) 패러다임이라고도 불린다. 애쉬는 개인이 다수 집단(집단압력)에 왜 굴복했는지 또는 어떻게 굴복했는지 그리고 이러한 영향이 개인의 신념과 의견에 미치는 영향을 연구했다. 여기서 의미 있는 점은 '동조'는 단순히 타인의 행동을 따르는 것이 아니라는 것이다. 타인의 행동에 영향을 받아 명백히 자신 스스로 행동하는 것이 동조다.

뜬금없는 규칙에 휩쓸리지 않도록

　인간에게 도덕이 필요한 마지막 이유는 사회성, 즉 환경적 영향을 받기 때문이다. 라인홀드 니버(Karl Paul Reinhold Niebuhr)는 그의 저서 「도덕적 인간과 비도덕적 사회」(Moral man and immoral society)에서 개인의 의지와 무관하게 사회가 비도덕적으로 흘러가는 이유를 특권층과 연관 지어 설명했다. 인간의 탐욕과 이기심은 주로 특권층에서 나타나는데 그들은 자신의 이득을 사회의 정의라고 '주장'한다. 특권층이 가진 영향력이 크다 보니 그들이 말하는 정의 뒤에 숨은 탐욕이 사회에 하나의 '문화'로 자리 잡을 가능성 역시 커진다. 결국 다수의 '개인'은 도덕적이라도 사회 전반적으로는 '비도덕'적이 된다. 인간을 두고 흔히 '환경의 동물'이라 부른다. 앞서 이야기했던 엘리베이터 실험에서 보듯 다수의 압력에 쉽게 승복하는 게 인간이다. 그런데 만약 그 다수가 부도덕 하다면 어떤 일이 벌어질까? 부도덕한 환경이나 다수에게 부당한 압력을 받게 되면 인간은 얼마나 나약해질까? 그래서 우리에게 도덕이 필요하다. 뜬금없이 만들어진 '다수의 규칙'에 휩쓸리지 않고 절대다수가 만든 '절대적인 가치' 앞에서 바르고 옳은 길을 갈 수 있는 사람, 그게 바로 도덕적 인간이다.

03 | 도덕을 가로막는 장애물 건너기

도덕적으로 사는 것이 어려운 이유, 우리 앞을 가로막는 4가지 장애물

머리에서 가슴까지의 여정

'양심을 잃고 싶지 않으면 도둑질하지 말라.'
'훗날 크게 후회하지 않으려면 지금 부모에게 효도해야 한다.'

당신이 만약 '삶의 방향'이란 주제의 수업에서 위와 같은 이야기를 들었다고 하자. 위의 강의 내용은 도덕을 잘 설명하고 있을까? 아니면 그렇지 않을까? 우선 첫 문장 '양심을 잃고 싶지 않으면 도둑질을 하지 말라'는 말은 얼핏 보면 도덕적이다. 하지만 반대로 뒤집어 보자. '양심을 잃고 싶지 않다면'이라는 전제는 어떤 의미를 담고 있을까? 혹시 '양심이 문제가 되지 않는다면 도둑질을 할 수도 있다.'는 가정을 이야기하고 있는 건 아닐까? 이런 조건부 도덕에 대해 임마누엘 칸트는 이렇게 말했다. "도덕은 무엇이 어떤가에 관계없이 무조건적으로 반드시 절대적(Absolute Maxim)으로 해야 한다."고 말이다. 이게 칸트의 정언(定言)적 명령이다. 정언명령은 '훗날 후회를 크게 하든 그렇지 않든' 부모에게 효를 실천하는 것은 흔들리지 않아야 하는 도덕적 가치를 말한다. 그래서 정언명령은 인간을 수단이 아니라 목적으로 대해야 한다. 그러나 상황에 구애받지 않고 원래 목적 그대로 타인을 대하는 일은 만만치 않다. 여기저기 장애물이 놓여있기 때문이다.

'인간'을 온전한 목적으로 하는 '도덕의 여정'을 성공적으로 마무리 짓기 위해 그 길을 막아선 몇 가지 장애물에 대해 알아보자.

1. 탐욕과 이기심

세실은 13살 된 수사자다. 그의 무심한 눈빛과 당당하고 권위가 넘치는 행동은 그를 짐바브웨 황게국립공원(Hwange National Park)의 스타로 만들어 주었다. 세실은 여느 사자와 달랐다. 영국 옥스퍼드대학 연구진이 위치추적기를 부착해 오랜 시간 그와 무리를 연구해 왔다는 사실만 봐도 그렇다. 그렇게 짐바브웨를 넘어 유명세를 떨치던 수사자 세실은 2015년 7월 1일, 공원 밖에서 목이 잘린 시체로 발견되었다. 범인은 미국 미네소타주에 사는 치과의사 워터 제임스 파머. 이 끔찍한 일을 저지른 장본인이자 인간의 탐욕이 얼마나 잔인하게 작용할 수 있는지 굳이 알려 준 사람이다. 그것도 '합법'의 울타리 안에서 안전하게 말이다.

"(이 일을)후회하고 있지만 그 사냥에 위법은 없었다."

7월 28일 파머는 위와 같은 성명을 발표했다(개인적으로는 믿기 힘들지만). 그의 바람대로 짐바브웨 법원은 이듬해 이 사건을 무죄로 마무리 지었다. 세실을 공원 밖 500m 지점까지 유인해서 사냥했던 것이 이 끔찍한 사건을 합법화한 근거가 된 걸까? 파머는 지금도 보란 듯이 치과의사로 잘 살고 있다. 오로지 자신의 즐거움을 위해 살생을 했지만 아무런 대가도 치르지 않고 말이다.

프랑스 철학자, 사상가였던 미셸 에켐드몽테뉴(Michel Eyquem de Montaigne)는 "인간은 피상적이고 인위적인 것을 탐하지만 동물은 확실하게 손에 잡히는 행복만을 추구하므로 도덕적으로 인간보다 낫다."라고 했다. 인간의 탐욕으로 일어나는 비참한 일들을 보면 오히려 동물이 순수해 보인다는 의견에 반대의견을 내기가 어렵다. 언스트 앤 영(Ernst & Young)은 "독일의 경영자 23%는 자신의 경력을 위해서라면 비윤리적인 행동도 기꺼이 할 수 있다."라는 연구결과를 발표하기도 했다[5]. 이렇듯 인간의 탐욕과 이기심은 도덕성을 향해 가는 길목의 큰 장애물이다. 하지만 그 장벽은 인간 스스로 세운다는 사실을 기억해야 한다. 자신의 이득을 위해서 도덕과 윤리의 가치를 쉽게 무너뜨리고 그 파편으로 쌓아 올린 것이 '그것'이기 때문이다.

2. 역차별 환경

금연구역에서 보란 듯이 흡연을 하는 사람들이 있다. 친구 무리가 그 틈에 끼어 담뱃불을 붙인다. 신년 달력보다 더 큰 표지판에 '금연구역'이라고 쓰여 있지만 누구도 개의치 않는 모습이다. 끝까지 원칙을 지키려는 당신. 그런데 무리 속 한 친구가 손가락질하며 이렇게 말한다.

"쟤 자기 혼자 착한 척한다니까. 다 여기서 피우고 그러는데, 어서 이리 와!"

식사 후에 담배를 참는 것도 힘든 일이다. 그런데 '금연구역'에서 담배를 피우지 않았다는 이유로 눈총까지 받으니 마음속 깊이 억울함이 솟아난다.

그리고는 다짐했다.

'다음부터는 혼자 손해 보는 일은 없을 거라고.'

우리 앞에 세워진 두 번째 장애물 '역차별 환경'은 도덕 앞에 선 우리를 자주 망설이게 한다. 온 힘을 다해 한 걸음씩 내딛어도 힘든 산등성이에서 '그렇게 열심히 살아서 뭐 하나! 힘만 들지!' 하며 우리를 유혹한다. 혼자 착하게 살면 손해 본다는 농담이 있다. 이런 기류가 도덕적 인간은 홀대만 받는다는 문화를 만든다.

그런 데에는 몇 가지 이유가 있다. 우선 '안 해도 되는 일'이라는 거다. 그 일을 하지 않았다고 해서 규정과 원칙을 어기는 게 아니다. 그래서 잘 안 하게 된다. 또 다른 이유는 도덕적으로 행동한다고 해서 보상이 주어지지 않기 때문이다. 보상을 바라고 도덕을 추구하는 것이 당연하다는 말이 아니다. '잘했어!'라는 따뜻한 말 한마디보다 '나댄다'는 따가운 시선이 먼저 온다는 것이 문제다. 인간은 최소한의 투자로 욕구를 얻어 가려는 욕심쟁이인데 굳이 규정도 아닌데다 해 봤자 돌아오는 게 상처뿐인 영광을 선택하지 않는다.

형식뿐인 금연구역 팻말처럼 사회원칙이 제 기능을 하지 못할 때 남은 방어선은 개인의 마음속에 자리한 '도덕'이다. 도덕성을 지향하는 인간은 누가 지켜보든 말든 쓰레기를 함부로 떨구지 않는다. 월급을 더 받는 일이든 아니든 '할 수 있고, 해야 할 일'이 주어지면 자신은 물론 타인과 조직의 이익을 함께 생각한다. 그런데 이들을 잡아 흔들어 종국엔 올바른 길을 벗어나게 해서 결국 '외도'(外道)하게 만드는 압력이 있다. 바로 '왜 너만 그래?'라는 질문이다. 이 질문을 없애기 위해 개인에게 일방적으로 희생을 강요한다면 이것이야말로 '도덕적'이지 않다. 올바른 평가시스템과 부도덕한 사람들에 대한 명확한 규제부터 이뤄지도록 함께 고민하고 머리를 맞대는 노력이 필요하다.

3. 근시안적 사고

최근 전 세계 공통 화두 중 하나는 산불이다. 2019년 호주를 시작으로 2021년 그리스, 터키, 알제리, 미국 등 지구촌 곳곳에서 산불이 잇따르고 있다. 이들 산불의 공통점은 여름철, 폭염 속에서 발생했다는 것이다. 타국의 산불에 관심을 가져야 하는 이유는 우리나라도 이런 재앙에 더 이상 예외가 아니기 때문이다. 예전과 다르게 폭염과 가뭄이 길어지는 기후 탓에 8월 산불이 증가하고 있다[6]. 이런 기후 변화는 '지구온난화' 때문이다. 예상을 뒤엎는 집중호우와 태풍 등의 자연재해 모두 지구가 몸살을 앓고 있다는 증거다. 세계 기후 전문가들은 지구 온난화가 '통제 불가능한 상태에 가까워지고 있다'고 입을 모으고 있다[7]. 그럼 지구를 '통제 불가능한' 상태로 몰아넣은 범인은 누구일까? 우리는 노아의 방주 일화처럼 신이 분노했거나 타노스 같은 외계인이 우주 대청소를 일으킨 것이 아니란 걸 알고 있다. 지구를 병들게 하는 자들은 지구의 주인이라고 외치는 인간들이다.

'인간의 이중적인 본성'

라인홀드 니버는 '도덕적 인간과 비도덕적 사회'가 되는 또 다른 이유를 '이중성'으로 표현했다. 인간이 가진 이중적 본성 때문에 사회가 비도덕적인 길로 접어든다는 것이다. 특수학교는 필요하다고 말하지만 정작 우리 동네에 설립하는 것은 반대하는 식이다. 멀리 떨어져 구경할 때와 곁에서 바라볼 때 내리는 '상생'(相生)의 정의가 다르다. 지구 온난화에는 문제의식을 느낀다고 말하지만 분리수거는 귀찮아하는 형국이다. 이는 상생의 의미를 제대로 이해하지 못해서 생기는 일이다. 상생의 진정한 의미는 '삶의 순환'이다. 내가 누군가를 도우면 도움을 받은 그가 또 다른 누군가를 돕는다. 그렇게 그가 또 다른 누군가를 돕다 보면 우리 사회 전체가 풍요로워진다. 그렇게 선순환이 일어나다 보면 결국 처음 도움을 베풀었던 나에게 다시 돌아오는 게 삶의 이치고 그게 진정한 '상생'이다. 우리 동네에 특수학교가 들어올 경우 당장 우리 아파트와 동네 땅값에 미치는 당장의 '나쁜' 영향에 매몰되면 진정한 상생을 하지 못한다. 이는 결국 나에게 돌아올 복을 미리 차 버리는 '근시안적 사고'를 하게 되는 것으로 '훨씬 더 나쁜' 선택이다. 이제는 '나 혼자, 지금 당장'의 관점에서 '우리 함께, 먼 미래'를 꿈꾸는 상생의 시각으로 바꾸어야 한다. 부메랑은 아무리 힘껏 던져도 처음 떠난 그 손으로 다시 돌아온다.

4. 부도덕의 악순환

노벨상 수상자 윌리엄 골딩. 그의 초기작은 1954년에 발표한 「파리대왕」(Lord of the Flies)이다. 이 작품은 인간이 문명과 떨어져 고립되어 법과 질서를 상실했을 때 얼마나 잔인하게 변모하는지를 보여 준다. 여기서 두 명의 리더에게 주목할 필요가 있다. 첫 번째는 자연스럽게(민주적으로) 선출된 리더 '랄프'다. 그는 장기적인 안목으로 섬을 벗어날 대책을 만들고 고립된 섬 안의 자원을 운용하려 한다. 해변가 높은 곳에 모닥불을 피워 외부에 구조 신호를 보내려 노력하는 것이 대표적 예다. 하지만 그의 권력을 시기한 또다른 권력자 '잭'은 당장의 필요에 집중한다. 구조될 가능성보다 이 섬에 정착할 방법을 찾는다. 그와 패거리는 모닥불을 구조 신호를 보내기 위해서가 아니라 멧돼지를 구워 먹기 위해서 사용한다. 결국 탐욕과 이기심을 자본으로 근시안적 시각을 키우는 잭은 '공동체의 이익'이라는 대의를 져버린 채 자신의 권력을 키우기에만 급급해 한다.

인간의 도덕성은 단지 '옳음'과 '그름'의 시소게임이 아니다. 법과 제도의 한계를 극복할 수 있는 수단이며 진정한 상생을 실현할 수 있는 방법이 도덕이다. 도덕은 타인과 사회에 헌신하는 희생이 아니라 궁극적으로 자신도 윤택한 삶을 살 수 있게 해 주는 보상이 담겨 있다. 초연결 시대에 자신과 '연결'된 모든 것들에 관심을 갖는 것이 도덕의 시작이다. 그 시작점을 막아서는 탐욕과 이기심, 역차별 환경과 근시안적 사고를 극복해야 한다. 이 세 가지의 부도덕함은 방관하는 순간 끊임 없이 악순환하며 대체 어디가 시작점인지 찾기 어렵게 만든다. 위기의 순간에서 이런 장애물들과 마주쳤다고 해서 쉽게 흔들리면 우리가 사는 사회는 혼탁해진다. 그러면 어지러운 사회 속에서 살아가야 하는 우리 자신이 그 모든 피해를 고스란히 입는다.

04 | 흔들리지 않고 걷는 길

달콤한 유혹의 바람 속에서 중심을 잡을 수 있게 도와주는 4가지 생각

도덕의 저울, 4가지 생각

인간이 본성을 선하게 가지고 태어났든 혹 그 반대이든 대다수의 인간들은 늘 시험을 치르며 살아간다. 하루에도 여러 번 손에 쥔 쓰레기를 화단 옆에 몰래 버릴지 말지를 고민하고 불의 앞에서 용기를 꺼냈다 다시 숨기는 것이 인간이다. 때론 스텐리 밀그램의 예일대 전기충격 실험처럼 끔찍한 일을 저지르기도 한다. 절대 권력 앞에서는 타인의 고통과 자신의 도덕성을 쉽게 외면하고 그 책임을 권위자에게 넘기고 숨어 버리기도 하는 게 인간이다. 하지만 초연결 시대를 사는 우리가 반드시 '명심'해야 하는 것이 있다. 자신의 이익을 추구하거나 다수의 횡포를 묵인하는 것이 주는 달콤한 유혹이다. 지금 잠깐은 편안함을 안겨 줄지 몰라도 결국 모든 책임은 사회가 함께 나눠야 하고 나 역시 그 그늘 아래서 자유로울 수 없다.

인간의 나약함, 도덕적 인간을 가로막는 장애물이 나타날 때 우리는 새로운 방법을 찾아야 한다. 벽을 타고 오르거나 멀리 돌아가는 법을 택할 수도 있고 때론 눈앞에 장벽을 부수고 나아갈 수도 있다. 그때마다 어느 방법을 취할지 우리 마음속 생각의 저울에 그 문제를 달아 봐야 한다.

꼭 필요한 일인가? – 당위성

"인간의 수가 절반으로 준다면 얼마나 많은 숲이 살아남을까."
"인간이 100분의 1로 준다면 쏟아 내는 독도 100분의 1이 될까."

이와아키 히토시의 만화 '기생수'에 나오는 질문이다. 인간을 끔찍하게 먹어치우는 외계 생명체 기생수는 그들에 맞서는 인간들에게 이런 질문을 던진다.

'지구의 주인은 과연 인간인가?'

외계인의 시각에서는 인간은 지구를 병들게 하는 존재다. 인간이 벌이는 살상이 '당위성'을 갖지 못하기 때문이다(물론 더 많은 이유가 있다). 인간을 먹이로 삼는 기생수는 자신들을 적으로 삼는 인간을 향해 이렇게 이야기한다. '우린 그저 배고픔을 해결하기 위해 인간을 먹는데 너희 인간은 즐거움을 위해서 살상을 하잖아?' 그래서 기생수는 '악마'라는 단어에 가장 부합하는 생명체를 인간이라고 규정한다. 아마 기생수가 짐바브웨의 세실을 죽였던 치과의사 파머같은 인간들을 본 모양이다.

레크리에이션(Recreation)의 사전적 의미는 '휴양'이다. 그래서 본래 그 뜻도 '본인이 스스로 선택해서 즐기는 모든 활동' 정도로 정의할 수 있다. 그런데 나의 즐거움을 위해서 사회, 타인의 권리를 침해한다면 어떻게 될까? 집에서 음악을 크게 틀어 놓고 노래를 부르거나 취미 삼아 배운 권투

기술을 연습 삼아 친구에게 시연한다면 그게 올바른 휴양이 될 수 있을까? 도덕에도 '선'이 있다. 내가 유희로 삼는 일이 어떤 영향을 끼치는지, 규범적으로 또 암묵적으로 그어진 선을 넘는지 꼼꼼히 살펴야 한다. 그럴 때 이런 생각을 저울 위에 올려 보아야 한다.

'이 일은 지금 꼭 필요한 일인가? 이 행동은 과연 옳은가?'

반드시 옳은 일인가? - 원칙성

'합법적'으로 '도덕의 선'을 넘는 경우가 있다. 음주운전을 예로 들어 보자. 술을 마시고 운전을 했지만 혈중알코올농도가 법에서 정한 0.03% 이하로 측정되었다. 법적으로는 그 어느 책임도 지지 않는다. 가끔 손에 쥔 쓰레기를 귀찮다는 이유로 슬쩍 버리고 싶을 때도 그렇다. 인적이 드물고 cctv도 없는 곳이라면 아무렇게나 투기를 해도 문제가 없다. 그래서 도덕은 법과 규정의 문제를 초월해서 작동한다. 당위성이 '이 일이 꼭 필요한가?'에 대한 생각이라면 원칙성은 '옳고 그름'에 대한 판단이다.

어느 차량 공유서비스 업체가 있다. 범죄자가 해당 업체의 서비스를 이용해 초등생을 납치했고 경찰은 이 회사에 고객 정보를 넘겨 주길 요청했다. 하지만 이 차량 공유서비스 업체는 내부 규정을 근거로 들어 끝내 공개하지 않았다[8]. 결국 막을 수 있는 범죄를 방치했다는 비난과 함께 대국민 사과를 해야 했다. 도덕은 법이 만들어진 배경을 이해할 때, 나아가 '과연 인간적으로 이 일은 옳은 것인가?'라는 생각을 통해서 실현된다. 그럴 때는 '이 일은 지금 꼭 필요한 일인가?'의 당위성과 함께 '이 행동은 과연 옳은가?'라는 원칙성을 도덕의 저울에 올리자. 한결 판단이 수월해질 것이다. '꼭 필요한가?'의 당위성은 자칫 '나에게 필요한가?'라는 이기심의 덫으로 유혹될 수 있기 때문이다.

'견리사의'(見利思義). 논어 13장 헌문편에 실려 있는 문구다. 나의 이익이라는 '현혹'(利 -나만의 이득)에 맞서 절대적인 '옳음'(義 -공동의 이득)을 찾는 질문이다. 원칙성은 '옳다, 그르다'의 명제에 그것이 '나에게만 좋은가? 우리 모두에게 좋은가'라는 생각을 더하면 명료해진다. 법과 규정, 옳고 그름이라는 근시안적인 사고를 벗어나 그 위에 '더 넓은, 더 많은 이의 이득'을 함께 고려하는 생각이 필요하다. 프랑스 심리학자 로랑 베그는 이렇게 말했다. "우리의 도덕성에 만족하고 자부심을 품기보다는 명철하고 객관적인 자세로 그것을 바라볼 때 우리의 도덕성은 더욱 완전해질 것이다"라고 말이다.[9]

법을 지키기 위해 오히려 도덕을 상실하는 아이러니의 덫에 빠지는 우를 범하지 않아야 한다.

어떤 영향력을 끼치는 일인가? - 시민성

시민성(Citizenship)은 '자신의 이익을 넘어서서 자신이 속한 공동체의 안녕과 복지에 공헌할 수 있는 능력'이다. 그런데 요즘과 같은 초연결 시대는 공동체의 범위가 다소 모호해졌다. 지금은 동네에서 일어나는 일은 몰라도 지구 반대편 사건, 사고는 쉽게 접할 수 있는 시대다. 이렇게 보면 공동체의 범위는 넓어진 것 같지만 오히려 '공동체 의식'의 범위는 줄어들었다. 예를 들면 아프리카의 기아 문제나 호주의 산불에 안타까운 마음을 느낄지언정 당장 나와 연관되었다고 느끼고 행동하는 사람은 드물다. 시민성이 작동하기 힘든 이유다. 도덕의 장애물을 만났을 때 당위성과 원칙성의 생각을 떠올리며 한 가지 더 고려해야 하는 생각은 '시민성'이다. 시민성은 공동체에 끼치는 영향력, 문화를 형성하는 근본적인 힘을 말한다. 시민성의 생각을 효과적으로 활용하는 방법은 '공동체'의 범위를 줄이는 질문을 던지는 것이다.

'이 일이 내 곁에서 벌어진다 해도 괜찮을까?'

예전에 우리 어머니는 시장 골목에 순댓국집을 열었다. 처음 해 보는 음식 장사였지만 오래가지 않아 나름대로 맛집으로 자리 잡을 수 있었다. 그 이유 중 하나가 '시민성'의 작용이었다. 식당 사장과 고객이 시장이라는 좁은 공동체에 함께 있다 보니 손님이 불편함을 겪어도 문제점보다는 득이 더 많았다. 옆집 채소가게 아저씨는 음식의 개선사항을 알려 주기도 했고, 문방구 주인은 서비스 불만을 마음에 담아 두지 않고 쓴소리도 해 주었다. 시장에서는 고객이 손님이 되고 손님이 다시 고객이 된다. 자칫 남처럼 함부로 대하면 다시 고스란히 돌려받게 되기에 진정한 공동체가 될 수 있었다.

어딘가에서 슬쩍 쓰레기를 버리고 싶은 유혹에 빠졌을 때 '이곳이 우리

집이라도 나는 쓰레기를 버릴 수 있을까?'라고 생각하면 쉽다. 어느 누구도 자기 방에 쓰레기를 툭 하고 버려 두지 않는다. 악플러가 타인에게 공감하지 않는 이유는 그가 받을 상처가 나와는 무관하다고 여기기 때문이다. 내가 사는 사회를 좁혀 보면 그 영향력의 경로가 보인다. 내가 뱉은 말 한마디가 내 앞의 가족과 친구에게 고스란히 전해진다고 생각하면 나의 영향력을 체감할 수 있다.

영향력의 경계 - 초월성

2020년 미국 대선과정에서 미국 정치사에 길이 남을 일이 일어났다. 재선에 실패한 트럼프가 대선 불복을 암시한 탓에 그의 지지자들이 결집해 의회 난입과 폭동을 일으킨 것이다. 트럼프는 엄청난 수의 트위터 팔로워를 거느리는 것으로 유명하다. 그는 자신의 SNS를 유례 없는 집단행동을 만드는 도구로 '써' 버린 것이다. 정보의 공유와 확산이 그 어느 때보다 활발한 시대다. 내 말 한마디, 작은 행동 하나가 만드는 바람은 SNS를 거치며 세상을 흔드는 태풍이 되기도 한다. 바로 '초월성' 때문이다.

도시에 사는 인간의 이기심이 애꿎은 남극 빙하를 녹인다. 그렇게 발생한 지구온난화가 여름의 열대야, 겨울의 이상 한파를 만들어 낸다. 모든 것이 연결되어 있다 해도 과언이 아니다. 그래서 도덕의 딜레마에 빠질 때 '초월성'의 생각을 거쳐야 한다. '초월성'은 '시민성'과 함께 저울 위에 올리면 좋다. 훨씬 빠른 판단을 할 수 있기 때문이다. 특히 디지털 시대는 과거 아날로그 시대와 다르게 개인의 책임감, 인권침해, 사회적 혼란 등의 도덕성 문제가 자주 발생한다[10]. 트럼프가 만약 자신의 행동이 미국 의회뿐 아니라 미국 전체, 아니 전 세계에 끼치는 영향을 생각했다면 어땠을까? 미국 정치사에 오점을 남기고 훗날 자신의 과거 업적에도 흠집을 낼 수 있다는 '초월성'의 생각을 발휘했었다면 조금 달라지지 않았을까?

그래도 인간사회에 속해 있다는 위안

'성인과 코끼리가 힘을 겨루면 누가 이길까?'

고민의 여지없이 코끼리가 이긴다. 그럼 인간과 침팬지가 대결한다면 어떨까? 힘의 대결을 본다면 이 역시 인간은 침팬지에게 상대가 되지 않는다. 하지만 만약 '인간 1천 명과 침팬지 1천 마리가 싸우면 어떨까?' 단순히 1대 1의 싸움의 규모를 1,000배 늘린 것뿐인데 결과는 달라진다. 그 이유는 침팬지 1천 마리는 절대 효과적으로 협력하지 못하기 때문이다. 이 사례는 '2020 SDF포럼의 기조연설'에서 세계적인 석학 '유발 하라리'(Yuval Noah Harari)가 했던 말이다[11]. 동물이나 곤충도 무리를 지어 지내지만 인간이 구성하는 조직이나 사회와 비교하면 차이가 크다. 그 차이는 '협력'의 차이다. 불과 100년 전부터만 짚어 보더라도 개미는 여전히 과거와 비슷한 사회 속에 살고 있지만 인간은 우주를 여행할 수 있는 기술력을 갖췄다. 이런 협력적 생태계가 인간사회를 성장시켰으며 유발 하라리는 이를 인간의 우월성으로 보았다. 우리가 할 일은 협력적 인간사회를 도덕적 생태계로 꾸미는 것이다. 도덕을 인간 개개인에게 일임하고 스스로 지켜 나가는 것을 기대하기보다 하나의 도덕적 문화를 형성하는 일에 힘써야 한다.

아이들의 인내력과 성공의 관계를 다룬 '마시멜로 실험'. 1982년에 다시 이뤄진 마시멜로 실험에선 그 이전과 다르게 '도구'가 등장했다. 바로 그릇을 덮은 뚜껑이다. 아이들은 뚜껑이 없는 그릇의 마시멜로는 6분 안에 꺼내어 먹었지만 뚜껑이 덮이자 무려 11분을 참았다. 또한 재미있는 일을 생각해 보라고 과제를 준 그룹의 아이들은 뚜껑과 상관없이 평균 13분을 기다릴 수 있었다[12]. 그냥 '하면 안 된다'라는 규제나 제약보다 스스로 통제할 수 있는 환경의 조성이 중요하다는 이야기다. 물이 개인의 행동이라면 물이 흘러가는 물길은 하나의 문화다. 문화가 올바르게 형성되면 물은 그 길을 따라 잘 흐르게 되어 있다.

내가 예전으로 돌아가 거리에 쓰러진 아주머니를 다시 보게 된다면, 아마 고민이 되겠지만 다시 아주머니에게 다가갈 것 같다. 그리고 주변 사람들에게 조용히 요청할 것이다. 우리가 도덕적으로 살기 위해서는 당신들의 도움이 필요하다고, 내가 하는 이 일은 누구라도 할 수 있는 일이며, 누군가도 당할 수 있는 일이라고 말이다. 그리고 이 모든 선한 행동은 결국 우리 모두가 돌려받게 될 선물이 된다고.

10 Chapter
죽음을 준비하는 인간

전지영
HDC 현대산업개발 HRD 담당, 한국교육컨설팅코칭학회 이사

"

어린 시절 보았던 전설의 고향,
그때부터 죽음이라는 존재는 두려워서 어떻게든 피해야 하는 일이 되고 말았다.
사람들은 삶의 끝이 죽음이라는 것은 자명한 사실로 받아들이지만,
자신이 죽는다는 사실은 먼나라 이야기로 치부한다.
외면하고 싶은 죽음을 삶의 한가운데로 데려와 함께 이야기하고 차근차근 준비해야 한다.
역설적이게도 그래야만 삶의 귀함을 깨닫고 값지게 살아갈 수 있다.

"

01 | 죽음이란 무엇인가

직면하기 어려운 왜곡된 죽음의 현주소, 우리는 지금 어디에 있는가?

죽음과 장례식의 현주소

할머니의 장례식 날, 죽음을 알지 못했던 이제 막 다섯 살이 된 동생은 북적이는 사람들 틈에서 축제라도 보듯 신이 나 있었다. 그런 동생이 내심 못마땅해서 충고를 하려는 찰나, 할머니의 사진을 보며 동생은 말했다. "할머니 잘 가세요. 저쪽 세상은 아름답대요. 다시 꼭 만나요." 흡사 살아 있는 사람을 대하는 듯한 동생의 모습을 나는 넋을 잃고 지켜봤다. 죽음을 대하는 태도가 어때야 하는지 다시 생각하게 된다. 틀에 박힌 사고에서 벗어나지 못하는 어른들은 죽음마저 틀 속에 넣어 버렸다. 그리고 장례식장에서 그들이 하는 행동은 죽음에 대해 가지고 있는 생각을 여실히 보여 준다. 그들은 장례식을 마치 통과의례의 행위로 여기는 듯하다.

30여 년 전 할머니가 돌아가셨던 때 나는 시골의 작은 마을에서 살고 있었다. 여느 다른 날처럼 친구들과 들과 산에서 신나게 뛰어놀다가 저녁 무렵 헤어졌다. 집에 들어서자마자 '아이고~ 아이고~' 하는 곡소리가 들렸다. 가짜 울음이 나쁘다던 어른들이 가짜로 우는 듯한 그 소리가 생경했던 기억이 있다. 할머니는 가족들이 지켜보는 가운데 집에서 평온하게 눈을 감으셨다. 비록 위암으로 오래 고생하시고 뼈가 앙상한 가죽만을 남기셨지만.

그 이후 반세기도 지나지 않아 죽음의 순간을 인식하는 모습은 크게 달라졌다. 누구도 들어갈 수 없는 유리장막에 갇혀 인공호흡기와 각종 호스를 매달고 힘겹게 사투를 벌인다. 대형병원에는 임종실조차 제대로 없어 가족과 마지막 작별의 시간을 기대하기도 어렵다[1]. 생의 마지막 순간만큼은 자유의지로 선택하고 싶지만 이미 늦어 버렸다. 누구도 환자의 의사를 묻지 않고 주장할 힘도 남아 있지 않다. 어쩌면 죽음에 대해 생각해 본 적이 없어서 무엇을 해야 할지 모를 수도 있다. 많은 이들이 이렇게 속수무책으로 떠난다. 그리고 그들은 장례식장에서조차 주인공이 되지 못한다.

두려운 죽음

아일랜드에서 온 워렌 닐랜드(Neiland) 오산대 교수는 81세의 나이로 돌아가신 외할머니의 장례식을 추억하며, 번호표를 뽑고 현금을 세는 한국의 장례식장을 패스트푸드점 같다며 안타까운 심경을 이야기했다. 닐랜드 교수의 외할머니를 20년이나 간호했던 막내 이모는 정부에서 지급하는 바우처 덕분에 일방적인 희생을 치르지 않았고, 외할머니도 오랜 투병으로 힘들었지만 마지막에는 가족을 잘 아는 동네 의사의 보살핌과 정성스레 처방해 주는 약 덕분에 고통 없이 평온했다고 한다. 유족은 외할머니의 장례식장과 성당에 할머니의 예전 모습이 담긴 사진을 두었고, 조문객들은 그 사진을 보며 추억을 나누고 장례 미사 때는 장손자가 추도사를 읽었다. 조문객들은 선술집에 모여서도 다들 고인 이야기를 했다. 반면 닐랜드 교수의 눈에 비친 한국 풍경은 사뭇 달랐다. 그는 "한국을 좋아하지만, 한국식으로 죽거나 묻히고 싶지는 않다."라고 했다. 환자 가족이 간이침대에서 새우잠을 자며 힘겹게 간호하는 장면, 고인이 누군지도 모르는 조문객이 북적대며 고인과 상관없는 이야기를 나누는 장면, 조의금을 헤아려 흰 봉투에 넣는 장면. 우리에게 너무도 익숙한 풍경이 닐랜드 교수의 눈에는 기이하게 비쳤다[2].

이런 상황들은 생의 마지막 순간을 두려워하고 죽음을 직면하지 못하게 만든다. 가족과 함께 맞이하는 아름다운 죽음, 잠자듯이 편하게 맞이하는 죽음을 원하지만, 그것이 어려울 것 같다는 무의식적인 생각이 우리를 지배한다. 그도 그럴 것이 우리가 자주 목도하는 죽음의 모습이 우리가 바라는 그것과는 너무나 동떨어져 있기 때문이다. 이것이 죽음에 대한 두려움을 키우고 죽음 이후의 세계에 대해 생각해 보는 일을 사치로 만들어 버렸다.

파편화된 현대 의료 체계에서는 인간이 존엄성을 유지하며 죽음의 순간을 맞이하도록 배려하지 못한다. 다행히 2017년 연명의료결정법이 개정되면서 이 문제를 해결하기 위한 노력이 이어지고 있다. 세계 보건 기구에서도 '호스피스 돌봄은 육체, 사회, 심리, 영적 요소까지 아우르는 전인적인 돌봄을 특징으로 한다'고 정의한다[3]. 이런 일들은 육체의 죽음만이 죽음의 전부가 아니라는 사실을 보여 준다. 누구도 죽었다 다시 돌아올 수 없기에 죽음은 미지의 영역으로 남아 있을 것이다. 그래서 더 두렵기도 하다. 하지만 두려움을 이겨내고 죽음에 대해 생각하고 편하게 이야기하는 담론의 장을 만들어야 한다. 그것이 역설적이게도 삶을 제대로 바라보고 살게 하는 힘이 된다. 산다는 것은 이미 죽음을 향해 가고 죽음을 준비하는 일련의 과정이기 때문이다. 삶과 죽음은 맞닿아 있으므로 죽음을 올바로 이해한다는 것은 '삶에서 자신의 존재를 어떻게 이해하고 어떻게 살았는가?'라는 문제로 귀결된다.

02 | 죽음에 이르는 과정

예고 없이 찾아드는 죽음, 그곳에 이르는 과정에서 무슨 일이 일어나고 있는가?

예고 없이 찾아오는 불청객

철학자 강진주는 죽음을 3가지로 분류했다. 나의 죽음, 너의 죽음, 그대의 죽음. 나와 관련 없는 타인인 그대의 죽음은 애도하긴 하지만 두렵고 아프지는 않다. 반면 나의 죽음은 제대로 알 수 없어 두렵고, 사랑하는 너의 죽음은 네가 없는 세상과 그 세상에 남겨진 나의 모습이 겹쳐져 두렵다고 했다. 왜 인간은 이토록 죽음을 두려워하는 것일까? 죽음이 사랑하는 사람들과의 관계, 인생에서 누렸던 좋은 것으로부터 자신을 영원히 단절시키기 때문이다. 또한 죽음을 맞이할 즈음 느끼게 될 고통과 고독하고 비인격적인 임종 장면들이 두려움에 떨게 만들 수도 있다.[4] 인류학자 어니스트 베커(Ernest Becker)는 「죽음의 부정」이라는 책에서 인간은 무의식적으로 자신이 불멸의 존재라고 믿고 있으며, 죽음을 수용하면서는 삶을 살아갈 수 없기 때문에 어떻게든 부정해야 한다고 말하기도 한다. 하지만 한 가지 확실한 것은 아무리 부정하고 싶어도 우리는 언젠가 죽는다는 사실이다.

회사 동료 중에 운동 소녀로 불리는 김 과장이 있었다. 나보다 2살 아래인 그녀는 그냥 보기에도 운동광이다. 소문에 의하면 우리 회사 여성 중에서 골프를 제일 잘 친단다. 그녀의 건강한 아름다움이 부러웠다. 자주는 아니지만 오며 가며 인사를 나누는 사이가 됐다. 그런데 어느 날부터 그녀가 보이지 않았다. 수소문해 보니 건강에 문제가 생겨 휴직을 했다고 한다. 워낙 건강했었기에, '어디가 좀 안 좋은가 보다' 하고 대수롭지 않게 여겼다. 그러다 회사 동료들과 저녁 식사를 하는 자리에서 그녀에 대한 소식을 들었다. 사내 리더십 평가에서 늘 상위권을 놓치지 않는 팀장님 한 분이 며칠 전 김 과장을 만나고 왔다고 했다. 그녀가 죽기 전에 만나고 싶은 동료 10명을 초대한 것이었다며 눈물을 훔쳤다. 이게 무슨 소리인가. 잊고 있던 그녀의 미소가 떠오르며 내 얼굴에도 눈물이 흘렀다. '악성말초신경초종양'이라는 희귀암에 걸려 여러 차례 수술을 받았지만, 재발을 거듭했고, 담당 의사는 이제 해 줄 수 있는 것이 이것뿐이라며 삶을 정리하고 오라고 권했다고 한다. 그렇게 일주일 동안 고마웠던 사람들을 차례로 만나고 그녀는 병원으로 돌아갔다. 팀장은 김 과장을 만나러 가는 내내 무슨 말을 할지 걱정이 이만저만이 아니었다고 고백했다. 그런데 그녀가 평소와 같이 밝은 모습으로 맞아 주어 웃으며 작별 인사를 했다고 한다. 팀장은 꼭 다시 만나자는 말을 남기고 떨어지지 않는 발길을 옮겼다.

죽음을 마주하는 일

자기 계발을 위한 교육과정에서 '내일 당장 죽는다면 오늘 무엇을 할 것인가?'라는 질문을 받곤 한다. 질문이 너무 낯설어 쉽사리 답이 생각나질 않았다. 만약 우리가 죽음을 마음속에 품고 살아간다면 삶은 어떻게 바뀔까? 살아갈 날이 정해져 있다면 나는 지금 무엇을 하며 시간을 보낼까? 사실 우리는 언제 죽게 될지 모른다. 오늘 퇴근길에 사고가 날 수도 있다. 다만 확률이 낮을 뿐이다. 하지만 아무리 상상력을 동원해 봐도 나의 죽음은 당장의 진실로 받아들여지지 않고, 영원히 살 거라는 오만에 사로잡혀 누군가의 죽음을 마주하게 된다. 영화 '너의 췌장을 먹고 싶어'에서 췌장암에 걸려 시한부 인생을 사는 주인공 사쿠라는 자신을 걱정하는 친구에게 이런 말을 했다.

"죽음을 마주하면서 좋았던 점이라면, 매일매일 살아 있다고 실감하면서 살게 된 거야. 너한테든 나한테든 하루의 가치는 같은 거야."

김 과장에 대한 이야기를 듣고 불과 3일 후, 회사 메일함에는 마지막을 정리하며 남긴 그녀의 편지가 도착했다. 편지에는 건강할 때 알지 못했던 일상의 작은 행복이 얼마나 소중한지 적혀 있었다. 영화 〈베로니카, 죽기로 결심하다〉의 주인공 베로니카가 시한부라는 진단을 들은 뒤 말기 암 환자가 갖는 특별한 안경을 선물 받고 일상의 매 순간을 충실히 살아가던 모습과 겹쳐졌다. 죽음이 명시적으로 다가온 상황에서 새로운 희망을 발견하는 역설을 보았다.

"남들보다 일찍 생을 마감하는 것이 불행하다고 생각했지만, 언제인지를 알고 미리 준비할 수 있는 것은 큰 행운인 것 같습니다. 과거를 회상해 보니 좋은 사람들과 좋은 회사에서 일할 수 있어서 많이 행복했습니다. 제 삶을 사느라 바빠서 그분들과 더 많은 시간을 보내지 못한 것이 아쉽습니다. (중략) 죽음을 준비한다는 용기를 가지긴 힘들지만 담담하게 마주하려 합니다. 모든 분께 감사를 전하며 늘 행복하시길 기원합니다."

그렇게 그녀는 세상을 떠났다. 두 볼을 타고 눈물이 하염없이 흘렀다. 통계청의 발표에 의하면 한국인의 사망원인 1위는 암이다. 암은 예고 없이 찾아온다. 무척이나 불친절하다. 우리는 시간이 흐름과 동시에 조금씩 죽음에 다가가고 있다. 언젠가 죽게 되는 인간의 숙명을 받아들이고 건강할 때 미리 준비해야 한다. 그렇지 않으면 암의 위력을 막아 낼 재간이 없다.

어리석은 선택

얼마 전, 지인이 스스로 목숨을 끊는 안타까운 일이 있었다. 업무에서 오는 스트레스를 이기지 못하고 극단적인 선택을 한 것이다. 죽으면 모든 것이 해결된다고 믿었던 것일까? 아직 어린 딸과 아내까지 남겨 둔 채 앞으로 펼쳐질 삶을 포기하고 싶었을까?

전 세계인구 10명 중 2명이 가족의 자살을 경험하고, 10명 중 6명은 아는 사람을 자살로 떠나보낸다. 우리나라는 지난 2003년부터 2019년 한 해를 제외하고는 OECD 국가 중 자살률 1위라는 오명을 벗지 못하고 있다. 한국인의 사망원인 2위이며, 10대에서 30대까지 젊은 층에게는 사망원인 1위인 자살. 자살을 지켜본 가족이나 지인들의 고통은 말할 수 없이 크다. 트라우마가 되기도 하고 다른 자살로 이어지기도 한다. 1명의 자살이 10명 내외의 사람들에게 자살 충동을 심어 준다는 세계보건기구의 연구 결과도 있다.

서울대 정현채 교수는 죽음에 대한 그의 저서 「우리는 왜 죽음을 두려워할 필요가 없는가」에서 근사체험을 한 사람들에 대한 연구 사례를 소개하고 있다. 근사체험을 한 사람들은 보통 터널을 통과해 밝은 빛을 보거나, 먼저 세상을 떠난 사랑하는 이들을 만나는 등 긍정적인 경험을 하지만 자살을 시도한 사람들은 깜깜한 공간에 혼자 고립된 상태로 있다가 돌아온다고 한다. 자살은 충동적으로 일어나는 경우가 많다. 자살을 시도한 사람들은 실행 바로 직후 자신의 행동을 후회했지만, 돌이킬 수 없음을 알고 그렇게 아팠다고 회고한다[5]. 자살을 시도하고 다시 살아난 사람들이 삶의 소중함을 깨닫고 감사로 충만한 새로운 삶을 살아가는 모습에서도 자살은 어려움을 해결하는 방법이 아님을 유추해 볼 수 있다. 자살로는 문제가 해결되지 않는다는 사실을 깨닫는다면 조금 더 신중해질 것이다. 스스로 죽음을 선택함으로써 자신의 불행한 삶과 단절되기를 바라지만, 그의 존재는 그가 살아온 이력과 자살행위로부터 단절될 수 없다. 오히려 더 많은 어려움을 만들어 낼 뿐이다.

선택 이후 남겨지는 것들

2011년 10월 22일 방영된 'SBS 그것이 알고 싶다. 당신은 죄인이 아닙니다. 자살 유가족의 눈물' 편에서 자살을 한 사람들의 유가족들이 겪는 사회적 문제를 다룬 적이 있다. 자살자의 유가족들은 '사랑하는 사람을 잃은 슬픔과 사회로부터의 냉대'라는 이중고를 겪어야 했다. 지금 삶에서 겪는 어려움이 아무리 힘들어도 언젠가는 지나가고 잊힌다. 이 사실을 인지하고 죽음에 대한 시각을 바꿔 삶으로 돌아서야 한다. 자신은 물론 사랑하는 사람들을 위해서라도 말이다.

어느 날 지인이 고등학생인 아들이 한 말을 놓고 고민에 빠졌다. "태어나는 것은 정하지 못했지만 죽는 순간은 본인이 선택할 수 있잖아요. 그러니 자살도 본인의 선택으로 인정을 해야죠." 동의하면 자살이라도 할까 걱정이 되고, 아니라고 반박할 수도 없고 도무지 어떻게 해야 할지 몰라 난감했다고 한다. 적어도 이 가정에서는 죽음이라는 주제를 터놓고 이야기할 수 있어서 다행이라고 생각하면서도 어떻게 말해줘야 할지 고민이 깊어지기는 매한가지였다. 자살을 이해하고 예방하기 위해서는 자살 자체에 초점을 맞추기보다는 수면 아래 숨어 있는 죽음에 대한 오해와 편견, 불행한 죽음 방식을 돌아보고 새로운 방향을 모색하는 것이 중요하다. 자살을 시도하는 사람들도 사실은 살고 싶어서 몸으로 말하는 것인지도 모른다. 살고 싶다고, 다만 지금 겪고 있는 고통 속에서 그렇게 살고 싶지는 않다고.

03 | 죽음 인식

좋은 죽음의 이미지를 그려 낼 수 있다면 삶을 살아 내는 모습이 달라진다

죽음을 인식하는 문화적 차이

2018년 개봉한 영화 〈코코〉는 멕시코의 '죽은 자들의 날'을 모티브로 픽사의 리 언크리치(Lee Unkrich) 감독이 만든 것으로 관객들에게 '영원히 기억하고 싶은 사람이 있나요?'라는 화두를 던진다. 이 영화는 음악가를 꿈꾸는 주인공 미구엘이 우연히 죽은 자들이 사는 세상에 들어가면서 겪는 모험에 대한 이야기를 담고 있다. 영화 속에서는 죽음 이후에 다른 세상이 존재하고, 살아 있는 사람 중 단 한 명이라도 죽은 이를 기억하고 있다면 완전히 죽은 것이 아니다. 아무도 죽은 그를 기억하지 못할 때 죽음 이후의 세상에서도 사라지며 진짜 죽음을 맞이하게 된다. 영화의 배경이 된 멕시코에서는 실제로도 죽음에 대해 이야기하는 것이 보편적이다. 매년 하루는 죽은 사람들을 기억에서 되살려 추억을 나누는데, 바로 '죽은 자들의 날'이다. 이 날이 되면 죽은 사람들의 영혼이 다리를 건너 원래 살던 곳을 방문한다고 믿고, 그들을 기리기 위해 집을 꾸미고 해골도 만든다. 일상에 죽음이 자연스럽게 녹아 있지만, 무섭거나 엄숙하지 않다. 아프리카의 가나에서도 축제와 같은 활기찬 장례 문화를 존중한다. 즐겁게 고인을 보내기 위해 장례식에서 관을 메고 춤을 추는 전문 댄서가 신종 직업으로 생겨나기도 했다. 사고나 병으로 사망한 경우가 아니라 자연사라면, 전문 댄서의 도움을 받아 흥겹게 치르는 장례식이 가능하다. 이것은 고인의 아름다운 삶을 축복하기 위한 의미가 담겨 있다고 한다. 죽음에 대

한 공포는 인류 공통의 것이지만, 죽음과 임종, 죽어 가는 사람을 대하는 인간의 태도와 자세는 이처럼 시대와 문화권마다 조금씩 다르다. 죽음에 접근하는 방식은 그 문화가 생명을 어떻게 생각하고 생명에 어떻게 접근하는지 잘 보여준다. 그리고 이 접근방식을 조금 바꿔 보면 의미 있는 일이 일어나기도 한다.

좋은 죽음 이미지

어린 시절 보았던 드라마에서 죽음은 부정적으로 묘사되기 일쑤였다. 특히 '전설의 고향'이라는 프로그램이 나에게 미친 영향은 실로 대단했다. 검정, 저승사자, 귀신 등 공포와 연결되는 많은 것들이 내 안에 자라도록 했고, 여전히 살아 있는 듯하다. 그래서인지 나는 지금도 공포영화를 보는 일이 서툴고, 새벽녘 잠에서 깨면 화장실 문을 여는 것이 무섭다. 많은 이들에게 상실이나 소멸로 인식되는 죽음의 순간은 두려움의 대상이 되고 있다.

죽음에 대해 긍정적인 이미지를 가질 수 있다면 어떤 변화가 생길까? 이를 알아보기 위해 EBS 다큐프라임 제작팀과 중앙대학교 심리학과 연구팀이 재미있는 실험을 했다. 지하철 역사 안과 바로 앞 도로에 죽음을 긍정적으로 인식할 수 있도록 사랑하는 가족에게 둘러싸인 평온한 죽음에 관한 포스터를 배치하고 조금 떨어진 곳에서 모금 캠페인을 진행했다. 사람들은 포스터를 보며, 자신의 죽음에 대해 고민하기도 하고 그냥 지나치기도 한다. 조건이 비슷한 두 지역을 선정하고 한 지역에는 이상적인 죽음을 보여주는 포스터를 붙이고 다른 지역은 포스터 없이 기부 캠페인을 벌였다. 그 결과, 이상적인 포스터가 붙어 있던 지역의 기부액이 포스터가 없던 곳보다 4배 이상 많았다. 이에 대해 중앙대학교 심리학과 김재휘 교수는 "죽음에 대해 긍정적으로 자주 접하게 된다면 우리의 삶에 상당히 좋은 영향을 미칠 것이라는 결과를 얻게 된 셈입니다."라고 말했다.

비교적 수용할 만한 죽음, 자연적인 삶의 일부로서의 죽음 이미지를 강조하면 사람들은 오히려 자신의 삶을 돌아보고 좋은 에너지를 얻을 수도 있음을 실험을 통해 확인할 수 있었다. 사회적으로 어떤 죽음 이미지를 만들어 가는지가 구성원들의 행동을 바꿔 놓는다. 나 역시 짧은 시간 밀도 있게 죽음에 대해 이해한 덕분에 편안해졌음을 느낀다.

죽음의 순간 맞이하는 것

병원에서 암으로 진단 결과가 내려지면, 사람들은 '암을 선고받았다'고 말한다. 이 말에는 죽음을 두려워하고 부정적으로 바라보는 관점이 내포되어 있다. 형벌을 선고받듯이, '암 선고'를 받았을 때는 자유의지로 선택할 수 있는 것이 거의 없는 것처럼 느껴지기 때문이다. 우리가 무심코 쓰고 있는 언어에서도 죽음은 부정적으로 인식되는 경우가 많다. 이렇게 죽음을 부정적으로 바라보고 삶과 격리해 버린 문화에서는 죽음은 외면해야 하는 주제이고, 그래서 죽음을 어떻게 생각해야 하는지 아무도 알려 주지 않는다. 죽음을 앞둔 사람들을 어떻게 돌봐야 하는지, 가까운 사람의 죽음을 겪은 이들을 어떻게 대해야 하는지, 가족이나 자신의 죽음을 어떻게 준비하게 해야 하는지를 놓고 어찌할 줄을 모른다. 넋을 놓고 가만히 있거나 위로하기 위해 내뱉은 말이 오히려 더 큰 상처를 주기도 한다.

인간의 죽음을 연구하는 일에 평생을 바쳐 미국 시사 주간지 타임이 '20세기 100대 사상가' 중 한 명으로 선정한 정신의학자 엘리자베스 퀴블러 로스 (Elizabeth Kubler-Ross) 박사는 죽음은 그저 한 집에서 더 아름다운 집으로 옮겨 가는 것이라고 비유했다. 퀴블러 로스 박사에 의하면 죽음은 고치, 즉 육체가 회복 불능의 상태가 되면 나비가 되는 것과 같다. 봄이 오면 겨울 코트는 벗어 버려야 한다. 고치가 나비가 되기 전까지는 옆 사람과 소통하려면 깨어 있는 의식인 뇌의 작용이 필요하다. 하지만 뇌를 포함한 육체가 손상되는 순간부터 더는 깨어 있는 의식을 지니지 않는다. 고치가 더는 기능하지 않기 때문에 나비는 고치를 떠나 버린다. 고치에서 벗어나 '에테르체'라는 육체를 닮은 완전한 몸에 이르면 새로운 인식이 작동하기 시작한다. 호흡이 멈추고 뇌파는 측정되지 않지만, 인간은 새로운 인식 속에서 모든 것을 받아들일 수 있다. 태어나면서부터 시각장애인이었던 한 여성이 교통사고를 당한 뒤 심정지 상태였다가 다시 깨어났는데 당시 사고 장면을 생생하게 묘사하여 화제가 된 적도 있다. 이 여성은 에테르체 내에서 육체적인 온전함과 고통의 사라짐을 경험한 것이다. 이 여성과 같은 실제 사례를 연구해 온 퀴블러 로스 박사는 「사후생」이라는 책에서 다음과 같이 설명하고 있다. "에테르체에 도달하면 아무도 고독하게 죽지 않는다는 것을 알게 된다. 육체를 떠나면 인간 세상에서나 통용되는 시간과 공간, 거리 감각은 무용지물이 되는 것이다. 천성적으로 직감이 발달한 사람은 죽음 직전에 시공간을 뛰어넘어 영혼의 상태로 자신을 찾아오는 방문객을 알아차릴 수도 있다고 한다. 육체에서 벗어난 사람은 자신이 좋아하는 누구라도 순식간에 방문할 수 있으므로 고독하게 죽지 않는다는 것이다. 그리고 먼저 죽은, 생전에 사랑했던 이들이 곧 죽을 당신을 맞아주는 경우가 많아, 죽음 직전의 순간이 두렵지 않다고 한다.

자신의 몸이 다시 온전해지는 것을 경험하고 사랑하는 사람들을 만나면 죽음이란 단지 또 다른 형태의 삶으로 변하는 것뿐이라는 사실을 비로소 이해하게 된다는 것이다. 그래서 육체이탈을 경험했던 환자들은 다시 죽는 것을 두려워하지 않는다고 한다. 이승에서의 삶은 특별한 교훈을 배우기 위해 거쳐 가는 학교에 불과함을 깨달았기 때문이다. 학교에서 수업을 마치고 졸업생이 되어 집으로 돌아가는 것과 같은 것이다. 학교에서 배워야 할 한 가지는 '조건 없이 사랑하고 사랑받는 법'이다. 임종 직전에 보게 되는 밝은 빛 앞에서 우리는 태어난 날부터 마지막 날까지 삶 전체를 되돌아보게 되고, 이승에서의 모든 생각과 행동, 내뱉은 말들이 어떤 결과를 초래했는지 깨닫게 된다고 한다. 이승에서의 삶을 되돌아보는 동안 성숙할 많은 기회를 무시해 버린 자신을 바라보면 성숙의 기회를 분노와 부정적인 힘에게 내어 준 것을 후회할지도 모른다. 하지만 무섭다고 계곡을 바라보지 않는다면, 계곡의 아름다움을 결코 볼 수 없다. 우리는 700만 년 전에 모두 신성의 선물을 부여받았다고 한다. 여기에는 자유로운 의지를 행사할 수 있는 능력뿐 아니라 죽음의 순간이나 위기의 순간, 극도로 지쳐 있을 때, 매우 특수한 순간, 깊이 잠들어 있는 순간에 우리의 몸을 벗어 버릴 수 있는 능력이 포함된다고 한다[6]."

근사체험을 한 시각장애인이 육체를 벗어나 새로운 인식이 작동하는 동안에 자신이 당한 교통사고 현장을 정확히 묘사한 일은 우리가 믿고 있는 의식 세계로는 설명할 수 없다. 그는 태어날 때부터 시각장애인이었으므로 세상을 본 적조차 없기 때문이다. 임종 직전에 밝은 빛이 쏟아지는 터널을 통과하거나, 이미 죽은 사랑하는 이들을 만나는 체험을 한 사람들은 그 과정이 아름답고 평화로워서 깨고 싶지 않을 만큼 행복했다고 말한다. 가족들이 죽음을 앞두고 이런 일이 일어날 수 있다는 것을 안다면 아픈 가족이 평온한 죽음을 맞이할 수 있도록 도울 수 있을 것이다. 임종 직전 환자가 하는 말과 행동을 정신이상쯤으로 치부하고 흔들어 깨우거나 심하게 비난하며 죽음으로 향해 가는 정상적인 과정을 방해하는 일이 많다. 세상에는 우리가 이해할 수 없는 수만 가지 일이 있다는 것을 겸허히 받아들여야 한다. 이해할 수 없다는 이유만으로 존재하지 않는다거나 실재하지 않는다고 말해서는 안 된다. 과연 무엇이 죽음을 앞둔 사랑하는 이를 돕는 길인지 조금만 생각해 보면 답을 찾아낼 것이다.

죽음을 알기 위한 노력

죽음과 친구가 되라는 과제를 받은 말기 암 환자가 두려워서 그것만은 어려울 것 같다고 대답하자, 의사가 다시 물었다. "죽음에 이르는 과정이 두려운 것인가요? 죽음 자체가 두려운 것인가요?" 한참을 생각하던 환자가 대답했다. "죽음도, 죽음에 이르는 과정도 알 수가 없어서 두렵습니다."

우리는 불확실성이 높아질 때 심한 공포를 느낀다. 죽음만큼 불확실한 것이 또 있을까. 죽음이 불확실성을 대표하는 이유는 전혀 알 수가 없기 때문이다. 지금까지 죽음을 알기 위한 연구나 교육도 충분하지 않았다. 비교적 최근 들어 '웰다잉'이라는 이름으로 다양한 시도가 이루어지고는 있지만, 아직도 죽음이라는 단어를 있는 그대로 쓰지 못하는 실정이다. 죽음학의 대가인 서울대 의대 정현채 교수는 공공기관에서 기획한 '죽음 교육'을 '아름다운 마무리'라고 이름을 바꾸고서야 실시할 수 있었다고 한다. 정현채 교수는 시한부 인생을 살고 있던 친한 친구에게 조심스럽게 죽음에 대한 교육에 참석해 보라고 추천한 적이 있었다. 친구가 어떤 반응을 보일지 걱정스러웠지만, 다행히 친구는 죽음에 대해 이해한 덕분에 그것을 수용하고 마지막 순간을 평온하게 맞이할 수 있었다며 고마운 마음을 전해 왔다고 한다. 그 일을 계기로 정현채 교수는 죽어 가는 환자에게도 죽음에 대한 이해가 도움이 된다는 확신을 갖고 널리 알리기 위해 노력을 기울이고 있다.

아무리 크고 아픈 비밀이라 할지라도 자주 들춰 내고 수면 위로 올려 보면 의외로 견딜 만하다고 느껴질 때가 있다. 죽음도 마찬가지다. 공개적으로 함께 이야기 나누고 들여다보면 생각만큼 두려운 것이 아닐지 모른다. 죽음에 대해 터놓고 이야기하는 사회와 가정환경이 만들어지고, 죽음이 두려울 때 두렵다고 말할 수 있는 분위기가 된다면 지금과는 다른 관점을 갖게 될 것이다. 그리고 죽음에 대한 이해가 넓어지는 만큼 자신은 물론 다른 사람에게도 도움을 줄 수 있다. 간호사도 의사도 아닌 일반인인 내가 죽음을 공부하고 글로 정리하면서 마음의 동요가 줄어들고 삶이 단단해짐을 느끼는 것이 우연은 아닐 것이다. 그리고 살면서 물질적인 소유보다 중요한 가치가 많다는 것을 머리가 아니라 가슴으로 이해하고 있다.

아이들은 죽음에 대해 이해할 수 없을까? 어른들은 자신의 경험에 비추어 섣부른 결정을 내리고 아이들에게는 죽음을 감추려는 경우가 많다. 영국에서 이런 학부모의 생각을 바꾸기 위해 '아콘 프로젝트'를 실시했다. 아콘 프로젝트는 죽음이 자연스러운 현상이라는 것을 아이들이 이해하도록 돕는 데 중점을 두고 있다. 계절의 변화와 죽음을 연결하여 탄생과 죽음까지의 과정을 생각하게 하고, 자신의 죽음에 대해 직접적으로 질문을 하기도 한다. 아콘 프로젝트 행사의 담당자 존 테미날스는 아이들에게 주로 이런 질문을 사용한다고 한다.

"네가 죽을 때 다른 사람들이 너에 대해 무슨 말을 하길 바라니? 무슨 말을 듣고 싶니?"

"마지막 순간에 네가 다른 사람들에게 남고 싶은 모습이 실제로 가능할 것 같아?"

"만약 그렇지 않다면 지금 너의 모습을 어떻게 바꿀 수 있을까? 아직은 네가 살아 있잖아."

이런 질문은 아이들이 스스로 죽음을 생각하고, 현재의 삶을 어떻게 살고 관계를 만들어 갈지 고민하도록 돕는다. 아이들이 애완동물이나 친척들의 죽음을 경험하게 되면 부모에게 질문할 수 있다. "엄마, 아빠도 죽나요?" 안타깝지만 대부분의 부모들은 이에 대한 답이 준비되어 있지 않다. 당황한 기색을 감추고 슬그머니 다른 이야기로 넘어가는 행동을 보여 줌으로써 죽음에 대해 질문하는 것은 금기라는 암시를 준다. 독일인인 일본 조지 대학의 문학부 교수 알폰스 데켄(Alfons Deeken)은 아이들이 질문하는 바로 그 순간이 죽음에 대해 가르칠 만한 적절한 순간이고, 이 순간이 무엇보다 중요하다고 말한다. 죽음을 알기 위한 노력은 삶의 모습을 바꾸는 변곡점이 되기도 한다. 아이들이 죽음을 알고 자신의 삶을 잘 살아가길 바란다면 부모들이 먼저 죽음에 대해 알아야 한다. 죽음을 수면 아래에서 삶 옆으로 끄집어 내어 자세히 살펴보고 알아 가는 과정이 무엇보다 중요한 이유 중 하나다. 그리고 그 과정에서 발견한 것들을 실천하고 하나씩 준비해야 한다.

04 | 죽음 준비

나의 죽음을 구체적으로 계획하고,
이별을 통해 작은 죽음을 연습하라

나의 죽음 계획

영국에서 1999년 발행한 밀레니엄 백서(Millennium Paper)에는 좋은 죽음의 조건이 제시되어 있다.

1. 죽음이 언제 닥칠지 예상할 수 있다.
2. 앞으로 일어날 일을 통제할 수 있다.
3. 죽음에 임했을 때도 존엄성과 사생활을 보호받는다.
4. 통증을 완화하고 증상을 관리받을 수 있다.
5. 죽을 장소에 대한 통제와 선택이 가능하다.
6. 전문가로부터 조력을 얻는다.
7. 영적 · 정서적 요구를 충족한다.
8. 어디에서든 호스피스 간호를 받을 수 있다.
9. 임종 시 함께할 사람을 선택할 수 있다.
10. 생명유지장치를 쓸 것인지 사전에 결정하고, 그 결정을 존중받는다.
11. 작별을 고할 시간을 갖는다.
12. 언제 떠날지를 예상하고, 무의미한 생명 연장을 하지 않는다.

12가지 조건을 모두 충족하는 죽음을 맞이하는 일은 어렵겠지만, 미리 준비한다면 좋은 죽음의 가능성을 높일 수 있다. 그렇다면 무엇을 준비해야 할까? 죽음 이전의 시간과 죽음 뒤의 시간이다. 죽음이 다가오기 전까지 준비해야 하는 것은 살아 있는 동안 잘 살아가는 일이다. 어떤 사람으로 기억되고 싶은지 반추하며, 후회를 남기지 않도록 사랑하는 사람과 소중한 추억을 만들며 매 순간을 열정적으로 사는 일. 그것이 죽음 이전의 시간을 준비하는 가장 첫 번째 해야 할 일이다. 두 번째는 죽음을 미리 공부하고 계획하는 일이다. 죽음이 자연스러운 삶의 과정이라는 점을 받아들이고, 죽음과 삶에 대해 생각하고 죽음의 순간을 계획하여 유언장으로 남기자. 유언장은 최대한 구체적으로 작성하는 것이 좋다. 남은 가족들이 다투는 일이 없도록 많지 않더라도 재산을 정확히 정리하고, 임종 직전에 가족에게 바라는 점과 죽을 장소, 장례식도 명시해야 한다[7].

2018년 8월 14일 서울 동대문구 시립동부병원에서 김병국(85) 씨의 생전(生前) 장례식이 열렸다. 2017년 전립선암 말기 판정을 받고 병원에 입원 중이던 김 씨는 사후가 아닌 생전에 '검은 옷 대신 예쁜 옷을 입고, 같이 춤추고 노래 부르는 장례식'을 치르고 싶다는 생각을 갖고 있었다. 결국 김 씨의 뜻대로 이날 생전 장례식이 열린 것이다. 이제는 장례식도 다양한 방식으로 치러질 수 있다. 자신의 장례식이 어떤 모습이길 바라는지를 구체적으로 계획하고 유언장에 포함시키는 것도 좋은 방법이다. 그리고 사랑하는 사람들이 자신의 죽음을 받아들이고 죄책감을 갖지 않도록 배려하는 일이 죽음 뒤의 시간을 준비하는 것이다.

다시 삶으로, 작은 죽음 연습

미국의 심리학자 에이브러햄 해럴드 매슬로(Abraham Harold Maslow)

는 신부전증으로 죽음에 직면했던 경험을 통해 새로운 삶과 사랑에 눈을 뜨게 되었다고 당시를 회상한다.

"죽음과 직면하고, 일시적으로 그 집행을 유예받음으로써 모든 것이 더 없이 존귀하고 신성하고 아름답게 느껴졌다. 눈에 보이는 모든 것을 사랑하고 포옹하고 그들에게 압도되고 싶다는 충동에 시달렸다. 낯익은 강물이 이토록 아름다워 보인 적은 없었다. 죽음의 가능성이 내 곁에 있음을 알고 있기에 보다 깊은 사랑, 보다 열정적인 사랑이 가능해졌다. 만일 절대로 죽지 않는다고 한다면 이렇게 정열적으로 사랑할 수 있었을까. 이렇게 황홀해질 수 있었을까."

인생에서 피할 수 없는 몇 번의 헤어짐을 '작은 죽음'으로 받아들인다면 커다란 죽음의 시련에 대비하는 소중한 기회가 될지도 모른다. 프랑스 속담에서 "Partir, c'est mourir un peu."(헤어짐은 작은 죽음)이라는 말이 있다. 인간의 삶은 헤어짐의 연속이다. 정든 땅을 떠나고 부모와 헤어지고 실연하고 이혼하고 친구를 잃고 퇴직하고. 인간이 인생에서 경험하는 다양한 헤어짐의 순간을 부정적인 경험으로 일축하고, 어떤 긍정적인 의미도 발견하지 못한다는 것은 안타까운 일이다. 헤어짐이 쌓일 때 내 안의 일부가 죽는다. 인간은 타자와의 만남이라는 토대 위에 살고 있으며, 나의 일부는 사랑하는 사람들 속에서 살고 있다. 그러므로 사람과 헤어질 때 필연적으로 나의 일부를 상실한다. 그것이 헤어짐이 주는 가르침이다. 헤어짐이 주는 가르침을 놓치지 않고 의미를 발견하는 작은 죽음 연습이 자신의 죽음에 대한 준비가 가능하게 해 준다[8].

"질병을 통해 건강의 소중함, 죽음을 통해 삶의 귀함을 깨닫는 것이 바로 우리네 인생 아니겠는가!"

인간수업
HUMAN CLASS

에필로그

에필로그

인간은 오늘을 '과거·현재·미래'와 함께 살아간다

"삶의 시간이라는 공간은 빠르게 축소되어 한 점으로 남다가 사라진다. 그 공간에 무엇을 채울 것인가를 물어야 하는 것이 '인생'이다."

백년을 살아 낸 한국의 대표적인 철학자 김형석 교수의 말이다. 인생은 삶이라는 빈 공간(Space)에 각자의 '의미'를 채우는 '장소'(Place)로 볼 수 있다. 그래서 우리는 과거에 '의미'가 있었던, 특별한 기억의 '장소'에 가면 그 당시의 오감이 되살아나는 경험을 한다. 사실 우리는 새로운 생각보다는 과거의 기억으로 현재와 미래를 만들어 간다고 할 수 있다.

'오늘'을 살아가는 인간의 생각과 행동은 '과거'와 '현재' 그리고 '미래'가 함께한다. 선형적 시간관은 분리된 삶의 시간이지만, 과거의 기억을 돌아보고 현재를 바라보며 미래를 내다보면서 오늘을 사는 것이 인간이다. 그래서 인간은 불안정하고 후회하며 자신이 가진 자원을 소비하고 돌아본다. 또한 존재(Being)를 드러내는 주도적 인간으로서 배우고 성찰하며 상호관계 속에서 공감하며 바라본다. 그리고 미래의 자신의 모습을 인식하고 좀 더 도덕적인 인간으로서 삶을 채우며 죽음을 향해 살아간다. 어쩌면 삶은 다가올 죽음을 준비하는 과정이라고 할 수도 있다. '미래'의 관점으로 '과거'는 '현재'에서 잉태된다. 그래서 우리는 미래로 나아갈 '과거'를 위해 '현재'의 중요성을 인식해야 한다.

인간의 삶은 성장에서 성숙으로 언제나 진행형

인간은 삶의 시간 속에서 성장하고 성숙해 간다. 삶은 완성형이 아닌 죽을 때까지 진행형으로 성숙해지면서 인간다워진다. 결국, 인간으로 살아가면서 성숙해지면 진정한 '인간'(人)으로 '이루어진'(成) 모습이 '성인'(成人)이라고 할 수 있다. 인간이 인간의 모습을 이해하는 방식을 인문학이라고 한다. 그러나 깊이 있는 공부를 하는 사람도 인문학을 어려워하기 때문에 거장들의 생각을 우리가 제대로 해석하고 이해하는지 알 수가 없다.

따라서 이 책에서는 인간에 대한 거시적이고 묵직한 학문직 이야기보다는 누구나 경험했을 법한 경험을 담으려 애썼다. 책 제목 '인간수업'은 열 명의 저자가 자신의 삶 속에서 발견한 인간의 본질적인 모습에 대한 일종의 보고서다. 인격은 한 개인의 삶이라는 시간의 역사 속에서 '인간수업'을 통해 정체성이 완성된다. 이 책이 앞으로 독자들의 '삶'에서 이뤄질 수업에 있어 더 나은 인격과 정체성을 가질 수 있는 밑거름이 되길 희망한다.

인간 연구회 WHOs LAB

참고문헌

1챕터

1) 이병희(2021. 06. 14.), 한경연 "韓, 정치·사회·행정 불안정성 높다" OECD 중 27위. 이코노미스트.

2) 이영진(2021. 07. 14.), 직장인들, "전문자격 취득 준비 中… 현 직장 불만, 고용 불안", 파이낸셜투데이.

3) 박재현(2021. 06. 23.), "택배, 배달 노동자 하루 10시간 이상 과로… 고용불안". 연합뉴스.

4) 김가영(2021.01.06). 같은 실수를 반복하는 이유. 오마이뉴스.

5) 마크로밀엠브레인(2015). 자기 계발 관련 인식 조사. 리서치보고서. 0(2).

6) 한동석(2006). 동의수세보원 주석. 서울: 대원출판.

7) 이정훈(2021. 05. 21.). 기업필수 생존 전략… '디지털 트랜스포메이션'. M이코노미뉴스.

8) 박정우 외(2021). 온스트레스. 서울: 북인사이트.

9) 정진우(2017). 안전심리. 경기도: 정문각.

10) 소냐 류보머스키(2014). 행복도 연습이 필요하다-How to be Happy(정혜경 역). 서울:(주)지식노마드.

11) 켈리 맥고니걸(2020). 스트레스의 힘(신예경 역). 경기도: (주)북이십일 21세기북스.

2챕터

1) 필 나이트(2016). 슈독: 나이키 창업자 필 나이트 자서전(안세민 역). 서울: 사회평론.

2) 정경일(2014). 브랜드 네이밍. 서울: 커뮤니케이션북스.

3) 배리 슈워츠(2005). 선택의 심리학 '선택하면 반드시 후회하는 이들의 심리탐구'(형선호 역). 서울: 웅진지식하우스.

4) 류혜경(2021. 06. 21.). 코로나19 시대 소비 트렌드는 H.O.M.E.S.T.A.Y. 아주경제.

5) 최인철(2018). 굿 라이프 '내 삶을 바꾸는 심리학의 지혜'. 경기: 21세기북스.

6) 유루리 마이(2015). 우리 집엔 아무것도 없어(정은지 역), 서울: 북앳북스.

7) 윤선현(2018). 이대로는 안 되겠다 싶은 순간 정리를 시작했다. 서울: 인플루엔셜.

8) 채혜선(2021. 08.1 9.). 공짜치킨집 이어 생일피자집…미담엔 돈쭐, 아름다운 공식. 중앙일보.

9) 강병균(2021. 08. 17.). [밀물썰물] 돈쭐, 부산일보사.

10) 박지연(2021. 08. 17.). 소비자에게 찍히면 회사 접을 수도… '불매운동'에 떠는 유통가, 한국일보.

11) 뉴시스(2020. 03. 11.). 책 더 안 읽는다…성인 10명 중 4명, 1년 독서량 '0'. 조선일보.

12) 김난도 외(2020). 트렌드코리아 2021. 서울: 미래의 창.

13) 이희권(2021. 08. 25.). 수수료 없는 '동네 직거래' 월 1500만 명 이용…지역 커뮤니티로 '폭풍 성장'. 문화일보

14) 류영상(2021. 05. 11.). 직장인 두 명 중 한 명 "나는 N잡러"…月평균 95만 원 더 벌어. 매일경제.

3챕터

1) 이태동(2014. 08. 15.), "대학생 10명 중 7명 전공 선택 후회", 조선일보.

2) M. Zeelenberg and J. Beattie(1997). "Consequences of Regret Aversion 2 : Additional Evidence for Effects of Feedback on Decision Making", Organizational Bebavior and Human Decision Processes.

3) O. E. Tykocinski and T. S. Pittman(1998). "The Consequences of Doing Nothing:Inaction Inertia as Avoidance of Anticipated Counterfactual Regret", Journal of Personality and Social Psycholuyy.

4) Higgins, E. Tory(1987). "Self-discrepancy. A thoory relating self and affect", Psychological Review.

5) Oliver Burkeman (2018. 06. 01.), "What's the best way to avoid regrets?", The Guardian.

6) 오츠 슈이츠(2009), 죽을 때 후회하는 스물다섯 가지(황소연 역). 서울: 아르테.

7) T. Gilovich and V. H. Medvec(1995). "The Experience of Regret: What, When, and Why", Psychological Review.

8) 브로니 웨어(2013). 내가 원하는 삶을 살았더라면 죽을 때 가장 후회하는 5가지(유윤한 역). 피플트리.

9) N. J. Roese(1997). "Counterfactual Thinking", Psychological Bulletin.

4챕터

1) 김난도 외 8인(2020). 트렌드코리아2021. 서울: 미래의 창.

2) 초이스스탁US, AK Building Servicea, Technavio, Specialty Food Association, SPONS, IRI, Statist, U.S Chamver of Commerce, simply 웹사이트, KOTRA 시카고 무역관 자료 정리.

3) 이종수(2009). 사회적 욕구 [社會的欲求, social needs]. 네이버지식백과 행정학사전.

4) Miserandino, Miserandino(2013). 최신 연구에 기초한 성격심리학(정영숙 외 역). 시그마프레스.

5) 잇끌림 편집부(2018). 사회적 인간이란 무엇인가. 잇끌림.

6) 지식백, pmg 지식엔진연구소(2017). 포모증후군. 네이버지식백과 시사상식사전.

7) Wrzesniewskia A. et al.,(2014). Multiple types of motives don't multiply the motivation of West Point cadets. PNAS. 111(30).

5챕터

1) 시어도어 다이먼(2017). 배우는 법을 배우기(원성완 역). 서울: 민들레.

2) 야마구치 슈(2019). 독학은 어떻게 삶의 무기가 되는가(김지영 역). 서울: 앳워크.

3) 하워드 가드너(2015). 인간은 어떻게 배우는가(류숙희 역). 서울: 사회평론.

4) 한준상(1999). 호모 에루디티오. 서울: 학지사.

5) 파커 J. 파머(2006). 가르침과 배움의 영성(이종태 역), 개정판. 서울: 한국기독학생출판부.

6) 한준상(2009). 생의 가 배움. 서울: 학지사.

7) 문성환(2016). 전습록, 앎은 삶이다. 서울: 북드라망.

8) 정민승(2010). 성인학습의 이해. 서울: (사)한국방송통신대학교출판부.

9) 앙토냉 질베르 세르티양주(2013). 공부하는 삶(이재만 역). 서울: 유유.

10) 강남순(2017). 배움에 관하여: 비판적 성찰의 일상화. 파주: 동녘.

11) 고영성·신영준(2016). 완벽한 공부법. 서울: 로크미디어.

12) 김영민(2010). 공부론. 서울: 샘터.

13) 캐럴 드웩(2017). 마인드 셋(김준수 역). 서울: 스몰빅라이프.

14) 김영민(2018). 공부란 무엇인가. 서울: 어크로스.

15) 우치다 타츠루(2012). 스승은 있다(박동섭 역). 서울: 민들레.

6챕터

1) 나무위키. https://namu.wiki 〉 싱어송라이터

2) 이성희(2021.04. 25.). 파이어족 그들이 온다. 이코노믹리뷰.

3) 서은국(2014). 행복의 기원. 서울: 21세기북스.

4) 김난도 외(2020). 트렌드코리아 2021. 서울: 미래의 창.

5) 하워드 가드너(2007). 다중지능(문용린 역). 경기: 웅진지식하우스.

6) 토마스 암스트롱(2013). 너는 똑똑해(김정수 역). 서울: 미래의 창.

7) 손옥주(2014). 듀이의 반성적 사고에 기반한 철학상담 방법론의 고찰과 적용. 교육학박사 학위 논문. 경성대학교 대학원.

8) 이주한(2012). Dewy의 반성적 사고 개념에서 본 반성적 교사의 특질. 한국 초등교육 제23권 제2호.

9) 김선래(2007. 3월호). 성공한 사람은 자기성찰을 한다. 행복이 가득한 집.

10) 김남국(2013. 9월호). 진정성과 자아. 동아 비즈니스리뷰. 136호.

11) 줄리아 카메론(2012). 아티스트 웨이(임지호 역). 서울: 경당.

12) 김정운(2019). 바닷가 작업실에서는 전혀 다른 시간이 흐른다. 서울: 21세기 북스.

13) 앙리 르페브르(2011). 공간의 생산(양영란 역). 서울: 에코리브르.

14) 오마에겐이치(2012). 난문쾌답(홍성민 역). 서울: 흐름출판.

7챕터

1) 긴옥해(2021. 06. 02.). "말 한마디에 5년 괴롭힘 시작" 또 터진 아파트 입주민의 갑질. 서울: 뉴스클레임.

2) 박현주(2021. 08. 03.). 오토바이 '원천 봉쇄' 뿌리 박힌 갈등 – 배달노동자 지상 통행 막은 인천 아파트. 경인일보.

3) 박지희(2015). 공감(empathy)과 동정(sympathy) – 두 개념 대한 비교 고찰. 한국수사학회. 0(24).

4) 전윤서(2020. 09. 24.). 공감하지 않는 사회에 미래는 없다. 사회적 경제 미디어.

5) 홍종윤(2020). 일 잘하는 사람의 업무 교과서. 서울: 사이다.

6) 라인홀드 니버(2004). 도덕적 인간과 비도덕적 사회. 서울: 문예출판사.

7) 김인환(2021. 09. 09.). 산불·홍수·태풍 원인 '기후변화'…어느 기상과학자의 경고. 헬로디디.

8) 김주환(2011). 회복탄력성. 서울: 위즈덤하우스.

8챕터

1) 영화 '차인표' 중 대사 각색.

2) 곽래건, 주희연, 이철원(2015. 02. 09.). CCTV 속 '나'에 충격… 새 보육교師(교사)로 거듭났다. 조선일보.

3) 타샤유리크(2018). 자기통찰: 어떻게 원하는 내가 될 것인가(김미정 역). 서울: 저스트북스.

4) 클리포드 나스, 코리나 옌(2011). 관계의 본심(방영호 역). 경기: 푸른숲.

5) 토머스 길로비치(2008). 인간 그 속기 쉬운 동물: 미신과 속설은 어떻게 생기나(이양원, 장근영 역). 서울: 모멘토.

6) 로버트 H. 프랭크, 필립 쿡(2008). 승자독식사회(권영경 역). 경기: 웅진지식하우스.

7) 이현수(2013. 03. 19.). 그대의 억울함은 진짜일까?. 매일경제.

8) 나무위키 '자존감'

9) 크리스탠 포래스(2018). 무례함의 비용(정태영 역). 서울: 흐름출판.

10) 권상술, 김수진(2013. 05. 09.). CEO는 잘 모른다, 자신이 뭘 모르는지를…. 조선일보.

11) 하브 제마크(2018). 어리석은 판사(장미란 역). 서울: 시공주니어.

9챕터

1) 임동우(2020. 06. 21.). 경찰 어처구니없는 실수에…음주운전 사고 내고도 무죄. 국제신문.

2) 박진영(2019. 08. 03). [박진영의 사회심리학] 세 살 아기도 알 건 안다. 동아사이언스.

3) 허용범(2004. 12. 01.). 부시는 왜 재선에 성공했나. 이코노미 조선.

4) 마이클센델(2010). 왜 도덕인가?(안진환, 이수경 역). 서울: 한국경제신문.

5) 도리스 메르틴(2020). 아비투스(배명자 역). 서울: 다산초당.

6) 윤희일(2021. 08. 15.). 여름 산불 재앙, 남의 나라 일 아니다. 경향신문.

7) 로저 하라빈(2021. 08. 10.). 지구 온난화 '코드 레드'…유엔 기후변화 보고서 경고.BBC News korea.

8) 부애리(2021. 02. 10.). 쏘카, 초등생 성폭행범 정보 제공 비협조 논란..결국 사과. 아주경제.

9) 로랑 베그(2013). 도덕적 인간은 왜 나쁜 사회를 만드는가(이세진 역). 서울: 부키.

10) 박기범(2014). 디지털 시대의 시민성 탐색. 한국초등교육, 25(4).

11) SDF(2020. 10. 30.). SBS D포럼. SBS.

12) 김희삼(2016. 08.). 왜 그걸 못 참느냐고?. 경제정보센터.

10챕터

1) 김범석(2021). 어떤 죽음이 삶에게 말했다. 서울: 흐름출판.

2) 박순찬(2014. 09. 02.). '[한국인의 마지막 10년]번호표 뽑는 화장터·현찰 세는 장례식장… 패스트푸드점 같은 한국 장례 풍경 충격'. 조선일보.

3) 오진탁(2020). 죽으면 다 끝나는가. 서울: 자유문고.

4) EBS 다큐프라임〈데스〉제작팀(2014). 좋은 죽음 나쁜 죽음. 서울: 한솔수북.

5) 정현채(2018). 우리는 왜 죽음을 두려워할 필요가 없는가. 서울: 비아북.

6) 엘리자베스 퀴블러 로스(1996). 사후생(최준식 역). 서울: 여해와 함께 대화출판사.

7) 김현아(2020). 죽음을 배우는 시간. 경기도 파주: 창비.

8) 소노 아야코/알폰스 데켄(2012). 죽음이 삶에게(김욱 역). 서울: 리수.

저자소개

민현기
교육학도(學徒)이자 교육학 박사. 주로 기업에서 강의를 하며 모은 잔 지식으로 가끔 책을 낸다. 그간 출간한 책으로 「초연결 시대 어떻게 소통할 것인가」, 「이 시대의 강의력 F.L.O.W」, 「성공한 리더는 유머로 말한다」 등 관심사에 따라 다양하다. 현재 로젠탈 교육연구소 대표이자 콘텐츠 연구회 '수작(秀作)'의 리더로 꾸준하게 자기 계발 콘텐츠를 만들고 글 쓰는 프로젝트를 진행해 오고 있다.

주충일
GS칼텍스 책임(전 영업교육팀장, KPC), 한국교육컨설팅코칭학회 등 기업교육/성인교육관련 학회 이사와 다양한 학습공동체 고문 및 자문역할을 하고 있다. 연세대학교 교육대학원에서 인적자원개발전공 석사를 마치고 아주대학교에서 HRD와 평생교육전공 박사과정을 수료하였다. 공동 역서 「NLP로 신념체계 바꾸기」와 공동 저서 「언컨플릭」, 「소통이 힘든 당신에게」가 있고 멘토링/코칭, 학습공동체와 관련된 논문을 썼다.

서정현
행복성장연구소 대표 코치. 과거의 선택과 경험이 현재를 만들고, 그 현재가 미래로 연결되는 것을 생각한다. 경험과 성찰을 통해 개인과 조직이 성장할 수 있는 시간을 함께하는 Experience partner, 경험 파트너로 활동하고 있다.
현재는 조직의 리더들이 더 나은 리더십을 발휘할 수 있도록 조직관리 커뮤니케이션을 어떻게 해야 할지 함께 고민하는 퍼실리테이터, 코치의 역할에 집중하고 있다.
저서로는 현직 리더들을 위한 「THE 커뮤니케이션」과 공저 「나는 인정받는 팀장이고 싶다」가 있다.

홍종윤

HRD Company 대표. 2006년부터 현재까지 다양한 기업과 공공기관에서 교육 기획 및 강의를 진행해 오고 있다. 뉴스메이커 선정 「2021 한국을 이끄는 혁신리더」 선정, 한국보건복지인력개발원 우수강사, 중소기업인력개발원 특성화고교 멘토선정, 한국강사협회 이사 등 다양한 수상경력이 있다. 저서로는 「일 잘하는 사람의 업무 교과서」가 있다.

박정우

C&T 컨설팅 대표, 한국스트레스 교육협회 협회장으로 기업교육 현장에서 강의하고 있다. 10여 년간 대학병원에서의 근무 경험이 있고 3년간 원내 강사를 겸직하면서 개발했었던 스트레스 프로그램을 시작으로 기업교육과 연을 맺었다. 기업교육을 본격적으로 하면서 '뉴로코드 1101', 'Z.O.O Project', 'SCAMPER I.T.I', '스트레스 관리와 내 몸 사용 설명서' 등 강의했던 모든 프로그램을 직접 개발하였다. 저서로는 「스트레스 뉴노멀」, 공저 「온스트레스」가 있다.

권인아

기업교육 강사, 북토크 MC, 북튜버, 코치, 오디오북 크리에이터 등 다양한 활동을 펼치고 있는 교육학 박사이다. 사람들에게 좋은 영향력을 주고자 오늘도 노력하며 현재 위드HRD 교육컨설팅 그룹을 이끌고 있다. 사람에 대한 관심과 행복한 삶을 위해 여전히 공부하며 우리의 말과 행동을 결정하는 것은 생각, 긍정 정서라는 신념하에 늘 삶속의 좋은 면을 보려 노력한다. 잭과 콩나무의 마법의 콩처럼 아직도 무력무력 자라는, 하고 싶은 것이 많은 꿈 많은 '어른이'다.

최영조

現 삼일제약 영업기획관리팀 팀장으로 근무(前 한독 Change Management & Development와 Commercial Excellence 팀장으로 근무)하고 있으며, 연세대학교 교육대학원에서 인적자원개발전공 석사를 졸업했다. '함께 성장하자'는 신념을 가지고 있으며, 제약영업출신으로 HRD와 SFE (Sales Force Effectiveness) 및 성과관리 업무 경험을 통해 기업에서 임직원 동료들의 성장을 돕는 역할을 하고 있다. 공동 역서로는 「NLP로 신념체계 바꾸기」가 있다.

전지영

다국적 기업에서 조직개발 및 HRD 업무를 담당했다. 현재는 HDC 현대산업개발에서 HRD를 담당하며 조직문화, 리더십, 코칭, 퍼실리테이션 등 다양한 직무 경험을 토대로 기업과 임직원의 변화와 성장을 돕고 있다. 한때 아나운서를 꿈꾸며 성균관대학교에서 신문방송학을 전공했다. 이후 연세대학교 교육대학원에서 인적자원개발 석사학위를 취득하고 건국대학교 산업대학원 외래교수로 출강하며, 한국교육컨설팅코칭학회 이사를 역임하고 있다. 공동 저서로 「소통이 힘든 당신에게」, 「NLP로 신념체계 바꾸기」가 있다.

이한나

강사라는 역할을 통해 많은 사람들과 마음을 나누고 행복한 시간을 누리며 살아간다. 사춘기 아이를 키우고 있는 엄마 역할로는 때때로 눈물을 머금을 때도 있지만 산책을 하거나 글쓰기를 하며 마음을 달래는 재주가 있다. 성균관대학교 및 동대학원에서 수학하고, 아주대학교에서 교육학 박사학위를 받았다. 저서로는 에세이 「오늘 어떤 당신이었나요」가 있다.

김관주

現 지아이연구소 소장. 특이한 이력의 강사. 컴퓨터 프로그래머로 사회생활을 시작하여, 디지털광고에이전시에서 제작국장으로 직장생활을 마무리 하였다. '직장'이

아닌 '직업'으로 '강의'를 선택했고, 배우고 성장하고 나누는 삶을 살아가고 있다. 기업과 공공기관에서 10년 넘게 강의하고 있으며, 경쟁력을 키우기 위해 고민하는 이들의 역량강화를 위해 지속적으로 기여하는 것을 삶의 미션으로 생각한다. 강의와 삶이 일치하는 강사가 되기 위해 오늘 하루도 노력하며 살아간다.

인간수업

초판 1쇄 인쇄 2021년 12월 27일
초판 1쇄 발행 2022년 1월 3일

지은이   인간 연구회 WHOs LAB

편집   이다겸
디자인   이다겸
마케팅   안용성, 이홍석
기획   민현기(인사이트랩)

펴낸이   하혜승
펴낸곳   ㈜열린길
출판등록   제2020-000047호
주소   서울특별시 성북구 보문로 37길 15, 201호
전화   02-929-5221
팩스   02-3443-5233
이메일   gil-design@hanmail.net

ISBN 979-11-970971-9-5 03190

* Book Insight는 ㈜열린길의 출판 브랜드입니다.

* 책값은 뒤표지에 있습니다.

* 이 도서의 국제표준 도서번호(ISBN)는 국립중앙도서관 서지정보유통지원시스템 홈페이지(http://seoji.go.kr)에서 이용할 수 있습니다.

* 이 책은 저작권법에 따라 보호받는 저작물이므로 무단전재와 무단복제를 금지하며, 이 책 내용의 전부 또는 일부를 이용하려면 반드시 저작권자의 동의를 받아야 합니다.

* 북 인사이트는 교육전문가들의 콘텐츠 개발과 출간을 지원합니다. 좋은 원고가 있으면 언제든 inlab2020@gmail.com으로 보내 주세요.